# 북핵을 모르면 우리가 죽는다

# 북핵을 모르면 우리가 죽는다

박휘락 지음

백년동안

차 례

# 1

토인비(Arnold J. Toynbee)는 『역사의 연구(A Study of History)』라는 책을 통하여 수십 개의 문명에 관한 흥망을 분석한 후 역사는 '도전(challenge)'과 '응전(response)'을 통하여 형성된다고 하였다. 도전에 효과적으로 응전해온 국가와 민족은 번영하였고, 그렇지 않은 국가나 민족은 멸망하거나 쇠퇴한다는 것이다. 그는 도전의 존재보다는 소수 엘리트의 창의적 리더십을 중심으로 한 효과적인 응전에 높은 비중을 두었다.

북한의 핵무기 개발이 한민족에게 부과된 가장 혹독한 도전이라는 사실은 누구도 부인하지 못할 것이다. 핵무기가 한반도에서 폭발하게 되면 대규모 사상자와 피해가 발생함은 물론 국토가 오염되어 민족의 생존 자체가 위협받을 수 있기 때문이다. 생각하기도 싫은 암울한 '도전'이지만 이미 발생한 상태이고, 저절로 없어지지는 않을 것이다. 이제 한국과 한민족이 할 수 있는 일은 이 도전에 효과적으로 '응전'하는 것뿐이다.

이러한 도전에 대한 응전을 어렵게 하는 것은 대비의 주체와 피해의 대상이 다르다는 사실이다. 북한의 핵무기가 가공할 위험성을 가진 것은 사실이지만 지금 당장 사용될 것으로 생각하기는 어렵다. 따라서 지금 세대는 대비를 게을리할 수 있다. 대신 시간이 흐를수록 북한은 핵무기를 증강 및 개량할 것이고, 결국 핵무기가 사용될 가능성은 높아질 것이다. 그때 피해를 입을 미래의 세대는 현재 실상도 잘 모르고, 책임 있는 위치에 있지도 못하다. 현 세대가 다음 세대를 위한다는 사명감으로 철저하게 대비하지 않을 경우 핵무기 '도전'에 대한 효과적인 '응전'은 계속 지체될 것이다.

## 2

한국은 지금도 전쟁의 위험 속에서 살고 있다. 남북한의 대규모 군사력이 일촉즉발의 태세로 휴전선을 기준으로 대치하고 있고, 북한의 도발을 억제·예방하기 위하여 한국군은 한시라도 경계를 소홀히 할 수 없는 상황이다.

다만 지금까지 국민들의 머릿속에 있는 전쟁은 6.25전쟁에서의 모습이다. 많은 사람들이 다치거나 죽고, 건물들이 파괴되며, 피난민이 행렬을 지어서 가는 모습이다. 이러한 모습도 충분히 안타깝지만 영구적 피해를 끼치지는 않는다. 60여 년 전에 6.25전쟁이 있었지만 언제 그러한 전쟁이 있었냐는 듯 발전을 구가하고 있는 한국이 그 사례이다.

핵전쟁은 다르다. 핵무기가 한반도에서 폭발하면 한꺼번에 수많은 사람들이 죽거나 다치고, 대부분의 건물들이 파괴될 것이다. 이것만으로도 매우 심각한 결과이지만 여기에서 그치지 않는다. 국토를 방사능으로 오염시켜 사람이 살 수 없는 땅으로 변모시켜 버린다. 한국의 영토가 어느 정도 넓이를 갖고 있다면 괜찮다. 그러나 불행히도 한반도는 좁다. 핵전쟁은 한민족의 생존터전을 빼앗아 버리고, 재기를 불가능하게 만들어버릴 것이다.

그렇기 때문에 북한의 핵무기 사용을 억제하거나 대응책을 개발함에 있어서 명심해야 하는 가장 중요한 사항은 1발이라도 폭발해서는 안 된다는 점이다. 1발을 허용한 후 북한을 초토화하여 승리하였다고 해도 민족의 생활터전이 없어지고 만다면 의미가 없다. 북한이 만든 핵무기를 폐기시켜 없던 상태로 환원시킬 수 있다면 최선이지만, 그렇게 될 가능성은 매우 낮다. 결국 북한이 보유하고 있는 핵무기를 사용하지 못하도록 하는 수밖에 없다. 이를 위하여 다양한 방책을 모색하고, 지혜를 모아야 하는 것이다.

북한의 핵무기 개발로 발생한 문제를 쉽게 또는 간단하게 해결할 방안은 없다. 통일만 되면 북한 핵무기는 한국 것이 된다든지, 미국이 해결해줄 거라든지, 경제적 지원으로 핵무기를 사용하지 못하도록 유인하면 된다는 등의 처방은 그럴듯하게 들리기는 하지만 올바른 해결책이 아니다. 너무나 간단하지만 현실적이지 않기 때문이다. 어려운 문제는 어렵게 풀릴 것이다. 북한이 30년 이상 걸려서 핵무기를 개발하였다면 해결에도 그만큼의 시간이 걸려야 할 것이다. 해결이 쉽지 않다는 냉정한 인식이야말로 핵 위협 대응 노력의 출발점이다.

## 3

상당한 수의 국민들은 "북한이 핵무기를 개발하였지만 사용하지는 않을 것"이라고 생각한다. 북한도 자체 생존을 위한 방어 목적으로 그러한 무기를 개발하였고, 그것을 사용하면 미국의 보복에 의하여 그들도 멸망할 것이라는 것을 알고 있다고 말한다. 이러한 단언이 전혀 논리가 없는 것은 아니지만, 누가 이 말에 책임질 수 있겠는가? 무책임한 단언에 국가와 민족의 미래를 맡길 수는 없는 것 아닌가?

북한의 의도를 예측하기를 좋아하는 사람들이 적지 않다. 사소한 일은 '아니면 말고.'가 가능하다. 그러나 핵 위협과 같은 심각한 위협에 관하여 무책임한 예측은 곤란하다. 대부분의 경우 각자의 합리성을 북한에게 적용하여 그 의도와 다음 행동방향을 예측하지만, 당연히 북한은 그다지 합리적이지 않다. 한번 결정했다고 하더라도 북한의 의도는 수시로 변할 수 있다.

어떤 연유로든 북한이 핵무기를 사용할 가능성은 정말 없는가? 북한의 지도자들이 당장 핵무기를 사용하지 않는다는 마음을 갖고 있다고 하여 계속 그러할 것이라는 보장이 있는가? 핵무기도 사용하겠다는 이상한 지도자가 북한을 통치하게 되면 어떻게 할 것인가? 합리적이라고 여기던 북한의 지도자들이 잘못 판단하거나 순간적으로 화가 나서 사용해버리면 어떻게 할 것인가? 그때 북한은 핵을 사용하지 않을 거라고 주장한 사람들을 탓한다고 핵 피해가 없어지는가?

남북한 간 상황이 점점 악화되어 북한이 핵무기까지 사용하겠다고 위협하는 지경에 이르렀다고 하자. 북한의 지도자가 마지막 순간에 양보하여 한국의 요구대로 남북한의 문제가 타결되면서 상황이

안정될 수 있다. 한국 국민들은 안도할 것이다. 그러나 남북한 간의 상황 악화는 한 번에만 그치지 않는다. 그다음에 또 유사하게 상황이 악화될 수 있다. 그때도 북한이 핵무기 사용을 자제하면서 양보할 수 있다. 그다음에도 계속 그렇게 될 것인가? 9번의 상황에서 자제하다가도 한번 그렇게 하지 않으면 북한의 핵무기는 발사되고, 이로써 한민족의 생활터전은 없어진다. 대비하지 않아도 괜찮겠는가?

핵무기에 대한 대비는 보험을 계약하는 것과 같다. 보험은 사고가 일어날 것이 확실해서가 아니라 불확실하기 때문에 계약하는 것이다. 일어날 가능성은 낮지만 그 피해가 큰 경우를 대비하는 것이다. 감기가 아니라 암에 대비하여 보험을 드는 것이다. 한국의 현재 상황에서 일어날 가능성이 높은 국지도발에도 대비해야 한다. 하지만 일어날 가능성은 낮지만 발생하면 민족의 존망을 좌우하는 핵전쟁에는 반드시 대비해야 한다.

북한이 핵무기를 사용할 것인가, 사용하지 않을 것인가를 고민할 상황이 아니다. 북한이 핵무기를 사용할 가능성이 조금이라도 있다면 대비해야 한다. 암이 발생할 가능성이 조금이라도 있다면 보험을 계약해야 하는 것과 같다.

# 4

북한의 핵무기는 '무기'이다. 따라서 군사적으로 대응하는 것이 기본이다. 지금까지 한국에서는 6자회담이 워낙 강조되어 외교적으로 해결할 수 있다고 생각했다. 하지만 그것이 지금까지의 북핵문제 해결을 근본적으로 가로막은 인식의 장애일 수 있다. 소련이 1953년 수소폭탄까지 제조하자 아이젠하워(Dwight D. Eisenhower) 미국 대통령은 '대량보복전략'을 선포하였는데, 그것은 소련이 핵무기로 미국을 공격하기만 하면 대규모 핵 보복으로 소련을 초토화시키겠다는 위협을 핵심으로 하는 전략이었다. 군사적인 대응이었다. 그러고 나서 핵보복을 위한 전력 증강에 박차를 가하였고, 그 후 외교적으로 핵무기 감축과 핵전쟁의 상호 회피 방안을 논의하였던 것이다. 한국도 군사적인 대비책에 중점을 두어 북한의 핵무기에 대응해야 한다.

북한이 핵무기를 사용할 경우 현재는 미국에 의한 보복에 의존할 수밖에 없지만 한국의 자체적인 대비 노력을 소홀히 해서는 곤란하다. 한국은 자체 보복력도 구비해 나가면서, 북한의 핵무기 사용이 임박하다고 판단될 경우 그것을 지상에서 파괴할 수 있는 정밀타격력과 그를 위한 정보력을 확보해야 할 것이다. 북한의 핵미사일이 발사될 수도 있다는 가정하에 그것을 공중에서 요격할 수 있는 미사일 방어체제를 구축해야 할 것이다. 이러한 군사적 대응에 중점을 두면서 외교적 노력도 추가하고, 경제적 측면도 제대로 활용해야 할 것이다.

세상에는 좋은 측면만 있는 일도 없듯이 나쁜 측면만 있는 일도 없을 것이다. 그러나 북한의 핵무기는 어느 측면으로 봐도 우리 민족에게 심각한 시련으로서 나쁜 측면만 보유하고 있다.

언제 어떤 계기에 의하여 어떤 행동을 할지 아무도 모를 정도로 합리성이 결여된 북한 정권이 핵무기라는 치명적인 무기를 보유하고 있다. 술 취한 사람이 눈까지 가리고 도로를 질주해오는 것과 다르지 않다. 어찌 섬찟하지 않겠는가?

한국은 북한의 핵무기를 폐기하기 위하여, 또한 북한이 보유한 핵무기를 사용하지 못하도록 모든 노력을 경주해야 하고, 어떤 부담도 감수해야 할 것이다.

북한의 핵무기로 조성된 위기가 한반도 정세를 요동치게 하여 통일의 계기를 조성할 수도 있고, 동북아시아에서 새로운 안보협력 체제가 구축되도록 만들 수 있다. 그러나 자칫 잘못하면 북한의 핵무기 보유는 민족의 절멸로 이어질 수 있다. 우리는 민족 생존의 위기로 이 문제를 인식해야 한다.

## 5

한국의 역사를 되돌아보면 지금까지 적용해온 위기대응 방식이나 각오로는 북한 핵문제를 해결하는 것이 어려울 가능성이 높다. 최근 역사를 보면 위기를 슬기롭게 극복한 사례가 많지 않기 때문이다. 조선시대의 경우, 일본의 침략 가능성이 오래전부터 경고되었음에도 1592년의 임진왜란에 제대로 대응하지 못하였고, 1627년의 정묘호란도 그와 유사하였으며, 이에 패배하고도 1636년의 병자호란을 방지하지 못하였다. 1910년의 한일합방, 1950년의 6.25전쟁도 마찬가지였다. 동일한 방식으로 북한 핵문제에 접근할 경우 유사한 결과를 초래할 수밖에 없다. 선조들과 근본적으로 다른 접근방식이 있어야 할 것인데, 그 시작은 북한 핵무기 위협의 심각성과 그에 대한 대응방법에 관하여 모든 국민들이 '정확한' 지식을 갖는 것이다. 그래야 북한 핵문제 대응에 대한 건전한 여론이 형성되고, 정부로 하여금 실질적인 대책을 강구하도록 주문할 것이기 때문이다.

일반적으로 핵문제와 같은 어려운 과제는 대부분 직면하기보다 회피하고 싶을 것이다. 당장 떠오르는 해결책도 없고 최악의 결과를 생각해보면 너무나 끔찍하기 때문이다. 그래서 국민들은 북한 핵무기 보유의 심각성과 그것이 사용될 가능성에 대해 알면서도 "어떻게 되겠지." 하면서 회피하고자 한다. 그러나 피한다고 하여 핵 위협이 사라질 수는 없다. 비록 어렵지만 문제를 정면으로 마주쳐야 한다. 그것이 핵문제 해결을 위한 출발점이고, 민주주의 국가의 주인인 국민들의 의무이다.

## 6

이 책은 북한의 핵문제에 관한 핵심적인 사항들을 쉽게 이해할 수 있도록 설명함으로써 국민들의 이해를 넓히기 위하여 기획되었다. 지금까지 한국에서는 외교적 접근을 통한 북핵문제의 해결이 주된 이슈를 형성했지만, 본서에서는 군사를 중심으로 한 실질적인 대응책에 중점을 두었다. 지금까지 북한 핵무기 개발의 위험성을 경고하는 책은 많았지만, 군사적 대응에 관한 내용을 권위 있게 설명한 책은 많지 않았다는 측면에서 본서가 쓸모 있으리라고 판단된다. 특히 어느 정도의 상식을 가진 국민들이라면 금방 이해할 수 있도록 함축적이면서 쉽게 작성하고자 노력하였다.

본서는 북한의 핵무기 위협과 관련한 핵심적인 사항들을 다루고 있는데, 다음과 같은 여섯 가지 분야로 나누었다. 우선 1장에서 북한 핵무기의 위협이 어느 정도이고, 이에 대한 한국의 대응능력이 어느 정도인지를 설명하고자 한다. 이어서 2장에서는 한국이 대응하는 데 있어서 정립해야 하는 대응목표와 전략의 기본적인 방향을 제시하고자 한다. 그리고 3장부터 5장까지는 북한 핵무기 위협에 대응하기 위한 군사적인 세 가지 핵심적 방책 즉 억제, 선제타격, 미사일 방어를 차례차례 설명하고자 한다. 또한 6장에서는 최악의 상황으로서 한국에서 핵무기가 폭발할 경우에 대한 대비를 기술하였다. 이 부분은 이전의 어떤 연구에서도 제시되지 않은 사항이고, 앞으로 집중적으로 발전될 필요가 있으며, 국민 모두가 한 번씩은 생각하고 공부해야 할 과제이다. 마지막으로 북한의 핵 위협을 근본적으로 해소하는 방안이라고 할 수 있는 한반도 평화체제와 통일에 관한 사항을 설명하고자 한다.

위와 같은 분야를 설명하기 위해 이 책은 질문을 받고 해답을 제시하는 방식을 선택하였다. 각 분야별로 독자들이 가장 궁금하게 생각할 것으로 판단되는 질문을 5~10개 선정하여 총 59개 질문에 대한 해답을 제시하고 있다. 이러한 방식으로 독자들의 의문을 해소하는 데 중점을 두었고, 독자들이 궁금해하는 사항을 바로 찾아볼 수 있도록 배려하였다. 충분하지는 않겠지만 이 한 권을 통하여 북한 핵문제에 관한 대부분의 기본적 의문이 해소되기를 바란다.

# 1장

# 북한의 핵무기 위협과 한국의 대응태세

1961년 미국의 케네디(John F. Kennedy) 대통령은 유엔총회에서 "인류는 핵무기라는 '다모클레스의 칼(Damocles' Sword, 한 가닥의 말총에 매달려 머리 위에 있는 칼)' 아래 앉아 있다."는 말로 핵 위협의 심각성을 강조하였다. 박근혜 대통령은 2013년 3월 19일 종교지도자들을 만난 자리에서 "핵을 머리에 이고 살 수는 없다."고 말함으로써 핵문제 해결의 절대성을 강조하였다. 핵무기는 단기간에 많은 인원을 살상시키고, 국토를 극단적으로 피폐하게 할 뿐만 아니라 한반도를 오염시켜 민족의 생존 터전을 상실하도록 만들 것이다.

그럼에도 한국의 국민들은 아직 핵무기의 위험성과 해결의 필수성을 제대로 인식하지 못하고 있는 것으로 느껴진다. 통상적인 무기보다 센 것으로만 생각하거나 "어떤 식으로든 해결이 되겠지."라고 생각한다. "경제력이 열악한 북한이 핵무기를 만들어봐야 몇 개나 만들었겠느냐?"고 평가절하하기도 한다. 북한이 핵무기를 사용하면 스스로 멸망할 것이므로 사용할 수 없을 것이라고 안도하기도 한다. 머리 위에 대롱대롱 매달려 있는 칼을 보기 전의 다모클레스와 마찬가지다.

## 북한은 왜 핵무기를 개발하였을까?

최초에는 북한도 외부 위협에 대한 대응책의 일환으로 핵무기 개발을 추진하였을 수 있다. 북한은 6.25전쟁 때 만주를 원자탄으로 공격하겠다는 맥아더 원수의 발언에 자극받았을 가능성이 있고, 종전 뒤에도 미군이 한국에 배치한 전술 핵무기를 의식하였을 것이다. 그리하여 북한은 1956년 소련에서 개최된 '원자력의 평화적 이용에 관한 학술회의'에 과학자들을 파견하였고 소련과 '핵에너지 평화 이용 협력협정'을 맺었다.

북한의 핵개발은 중·소분쟁으로 더욱 강화되었을 가능성이 있다. 북한의 동맹국인 소련과 중국의 갈등은 북한의 독자적 방어 필요성을 더욱 강화시켰을 것이기 때문이다. 북한은 중·소분쟁이 진행되던 1962년 IRT-2000 연구용 원자로를 착공하여 1965년 완공하였고, 그 외에도 핵무기 개발에 필요한 시설들을 설치하였다. 그리고 1970년에는 자체 전문인력을 양성할 수 있도록 김일성종합대학에 핵물리학과를, 김책공업대학에는 원자로 공학과를 설치하였고 1976년에는 동위원소생산연구실을 설치하였다.

1989년 소련의 갑작스러운 붕괴는 북한의 핵무기 개발을 더욱 가속화시켰을 것으로 추정할 수 있다. 북한의 입장에서 보면 핵우산이 없어져버린 결과가 되었기 때문이다. 소련 붕괴 이후 러시아는 핵무기 기술자들을 북한에서 철수시킨 바 있다. 북한이 파키스탄의 핵 개발에 주도적인 역할을 한 칸(A. Q. Khan)과 접촉을 한 것도 이 시기이다.

얼마 전부터 북한은 체제생존을 보장하는 수단으로 핵무기를 인식한 것으로 판단된다. 북한은 경제적으로 실패한 국가가 되어 체제의 안정성이 계속 위협받게 되었고, 이러한 상황에서 핵무기는 대내결속 및 외부 위협의 차단에 유용한 수단일 수 있기 때문이다. 북한은 핵무기 개발이라는 치적으로 내부단결을 도모하고 있고, 핵무기를 둘러싼 국제사회와의 협상을 통하여 체제의 안정을 보장받고자 노력하고 있다. 북한은 2012년 4월 최고인민회의에서 개정한 헌법 서문에 '핵 보유국'임을 명시하기도 했고, 2013년 2월의 제3차 핵실험 성공 이후에는 대대적인 집회도 개최하였다.

처음에는 수세적 동기에서 출발하였다고 하더라도 핵무기를 보유하게 된 이후 북한은 공세적인 목적을 추가하였을 것이다. 핵무기는 그들이 지금까지 포기하지 않고 있는 한반도 적화통일을 달성하기 위한 결정적인 수단이 될 수 있기 때문이다. 북한은 핵무기를 보유함으로써 남북한의 군사력 균형을 결정적으로 유리하게 만들었다고 판단할 수 있고, 남한을 위협하거나 불가피할 경우 부분적으로 사용함으로써 한국과의 대결에서 승리할 수 있다고 믿을 수 있다. 앞으로 북한이 핵무기 숫자를 늘려나갈수록 이러한 목적은 더욱 강화될 것이다.

## 국제사회는 북한의 핵무기 개발을 중지시키고자 노력하지 않았던가?

북한은 1970년대 중반부터 영변지역에 독자적인 핵시설을 건설하여 핵무기 개발을 본격적으로 추진하기 시작하였지만, 국제사회에 이러한 의도를 노출시키지 않고자 1985년 12월 핵확산금지조약(NPT: Non-Proliferation Treaty)에 가입하였다. 그로 인하여 북한은 국제원자력기구(IAEA: International Atomic Energy Agency)의 사찰을 받아야만 했는데, 1992년의 사찰 결과 북한이 신고한 플루토늄 추출량과 IAEA 추정량 사이에 수 kg의 차이가 있음이 드러났다. 따라서 IAEA는 특별사찰을 요구했지만 북한이 이를 거부하면서 1993년 NPT를 일방적으로 탈퇴하였다. 이로써 북한의 핵개발은 국제적 문제로 부상하였다.

1994년 10월 미국과 북한은 '제네바 합의'를 통하여 북한의 NPT 탈퇴로 인한 위기를 해소하는 데 합의하였다. 그 내용은 미국이 북한의 기존 흑연감속로를 대체할 수 있는 1,000MW급 경수로 발전소 2기를 건설하여 제공하고, 1기 완공 시까지 연간 중유 50만 톤을 제공하며 북한은 5MW 원자로의 폐연료봉을 봉인 후 제3국으로 이전하면서 IAEA 안전조치협정의 특별사찰을 수용한다는 것이었다. 그러나 경수로 공사가 지연되면서 북한이 불만을 제기하기 시작하였다. 그리고 2002년 10월 제임스 켈리(James Kelly) 미 국무부 동아태차관보가 북한을 방문하는 도중 북한이 고농축우라늄을 이용한 핵개발 계획의 존재를 시인하는 발언을 하게 되었다. 이로 인하여 2002년 12월 미국은 북한에 대한 중유 지원을 중단하기로 하였다. 그 결과 북한은 1994년 합의한 핵동결조치를 해제함과 동시에 IAEA 사찰단을 추방하게 되었다.

2003년 4월 북한 핵문제를 해결하기 위하여 국제사회는 중국, 미국, 러시아, 일본, 한국과 북한으로 구성된 6자회담을 개최하는 데 합의하여 2003년 8월부터 북경에서 해결책을 논의하기 시작하였다. 2005년 9월 '9.19 공동성명'을 통하여 북한은 현존 핵 프로그램을 포기하고 NPT 및 IAEA 안전조치로 복귀하기로 하는 대신 미국은 북한을 공격하지 않겠다는 점을 명시하면서 경수로를 제공하는 데 합의하기도 하였다. 2007년 2월에는 '2.13 합의'를 통하여 9.19 합의의 이행을 위한 초기조치에 일부 합의하였고, 2007년 10월 '10.3 합의'를 통하여 2단계 조치에도 어느 정도 합의하였다. 그러나 북한은 2007년 12월 말까지 현존 핵 프로그램을 '완전하고 정확하게' 신고하지 않았고, 따라서 합의는 이행되지 못하였다. 그리고 2008년 8월 26일 북한이 전격적으로 '핵 불능화 중단 성명'을 발표하여 6자회담을 통한 북한 핵문제 해결은 교착상태에 빠지고 말았다.

실제로 6자회담이 진행되는 도중인 2006년 10월 9일 북한은 제1차 지하 핵실험을 실시하였고, 이에 대한 제재로 유엔 안보리는 결의안 1718호를 채택하였지만 실효를 거두지는 못하였다. 또한 2009년 4월 5일 북한은 장거리 미사일 시험발사를 실시하였을 뿐만 아니라 그달에 IAEA 검증요원을 추방하고 폐연료봉 재처리를 시작하였다. 2009년 5월 25일에는 제2차 핵실험을 실시하였다. 이후에도 북한 핵문제 해결을 위한 다양한 제안과 시도가 없었던 것은 아니지만, 실제적 성과는 거두지 못하였다. 그러다가 2013년 2월 12일 북한은 제3차 핵실험을 실시하였고, 그 이후 현재와 같은 심각한 상황이 지속되고 있다.

## 북한의 핵 능력은 어느 정도인가?

세 차례의 실험을 마쳤지만 한국을 비롯한 국제사회는 북한의 핵 능력이 어느 정도 수준이고, 몇 개의 핵무기인지 확실하게 파악하지 못하고 있다. 그만큼 북한이 정보를 철저하게 숨기고 있기 때문이다. 다만 북한이 그동안 영변 원자로를 가동하여 추출한 플루토늄 양을 계산할 때 최대 40~50kg을 추출한 것으로 추정되고 있다. 따라서 3차례의 핵실험으로 어느 정도 소모하였다고 하더라도 대체적으로 10여 개 정도의 핵무기를 개발할 수 있다는 계산이 나온다.

북한이 실시한 2006년 10월의 제1차 핵실험은 TNT 1kt 이하의 위력으로 추정되지만, 2009년 5월의 제2차 핵실험은 4kt 정도로 성능이 향상되었고, 2012년 2월의 제3차 핵실험은 6~7kt의 위력으로 평가되었다. 제3차 핵실험 후 북한은 "소형화·경량화된 원자탄을 사용했고 (중략) 다종화(多種化)된 핵 억제력의 우수한 성능이 물리적으로 과시됐다."고 발표한 바 있다.

북한은 우라늄으로 핵무기를 제조하였을 수도 있다. 2002년 북한은 우라늄을 통한 핵개발 프로그램의 존재를 시인하기도 하였고, 2010년 11월 핵과학자 헤커(Sigefried Hecker)를 비롯한 미국의 학자들에게 1,000 여 기 규모의 고속 원심분리기를 구비한 우라늄 농축 공장을 공개하기도 하였다. 우라늄탄은 미사일 탑재를 위한 소형화에 유리하고, 북한은 우라늄 매장량이 풍부하기 때문에 이것이 사실일 경우 북한은 핵무기를 상당한 숫자로 계속 생산할 수 있다.

## 북한의 탄도미사일 전력은 어느 정도인가?

제2차 세계대전 당시 미국이 일본에 2개의 핵폭탄을 투하한 방식과 동일하게 북한은 항공기를 통하여 언제라도 핵무기 공격을 감행할 수 있다. 하지만 이에 대해서는 한국이 상당한 탐지 및 요격(邀擊, interception)능력을 구비하고 있다. 따라서 핵무기로 공격하려면 탄도미사일을 활용하는 것이 효과적이고, 그렇기 때문에 북한은 핵무기와 탄도미사일 개발을 동시에 추진해왔다(통상적으로는 '미사일'이라고 말하지만 정확하게 말하면 핵을 운반할 수 있는 것은 탄도미사일이고, 이에 대한 방어는 탄도미사일 방어이다).

북한은 1980년대 초에 이집트로부터 확보한 소련제 Scud-B를 역설계하여 자체의 탄도미사일을 개발, 1984년 시험발사에 성공한 후 사정거리 300km의 Scud-B와 500km의 Scud-C를 생산하여 배치하였다. 1990년대에는 사정거리 1,300km인 노동미사일을 배치하였다. 2007년에는 사정거리 3,000km 이상의 중거리 탄도미사일을 배치함으로써 일본과 괌을 직접 타격할 수 있게 되었다. 또한 북한은 1990년대부터 장거리 탄도미사일 개발에 착수하여 1998년 대포동 1호, 2006년, 2009년, 2012년에 대포동 2호를 시험 발사하였다. 북한은 Scud-B, C와 노동미사일을 주력으로 하면서 총 1,000기 정도의 다양한 탄도미사일을 보유하고 있다.

탄도미사일을 통하여 핵무기를 투발하는 데 있어 중요한 조건은 핵무기를 탄도미사일의 직경(스커드-B의 경우 약 90cm)과 탑재중량(스커드-B의 경우 약 1t) 이하로 소형화할 수 있어야 한다는 것이다.

그러나 대부분의 핵무기 개발 국가들은 2~7년 이내에 소형화에 성공하였고, 북한 스스로 제3차 핵실험 후 소형화에 성공하였다고 발표하였다. 북한은 핵무기를 탄도미사일에 탑재할 정도로 소형화한 것으로 봐야 한다. 그렇지 않다고 하더라도 탄도미사일의 사거리를 줄여서 탑재중량을 늘리는 등 독창적인 방법으로 핵무기를 운반시킬 수 있다.

더구나 북한은 2010년 10월 노동당 창건 65주년 기념 군사퍼레이드에서 차량에 탑재된 사거리 3,000~4,000km의 무수단 미사일을 공개한 바 있다. 이어 2012년 4월 15일 태양절 퍼레이드에서는 사거리 5,000km 이상으로 추정되는 차량탑재 신형 미사일인 KN-08

을 공개하기도 하였다. 북한은 제3차 핵실험과 한미 양국의 '키 리졸브 연습'에 의한 북한의 반발로 위기가 고조된 2013년 3월과 4월에 다수의 무수단 미사일을 동해로 이동시켜 발사위협을 가하기도 했다. 특히 무수단 미사일이나 KN-08 미사일은 차량에 탑재되어 있기 때문에 찾아내어 타격하기가 어렵다. 북한은 스커드 미사일과 노동미사일를 탑재하여 발사할 수 있는 차량(TEL: Transporter Erector Launcher)도 상당수 보유하고 있다.

## 북한은 핵무기를 사용할 것인가?

상당수 국민들이 "남북한은 동일민족이기 때문에 아무리 절박한 상황이라 하더라도 북한이 핵무기를 사용하지는 않을 것"이라고 생각한다. 북한의 핵무기는 미국을 공격하기 위한 것이고, 미국과 북한의 문제라고 생각하기도 한다. 그러나 북한은 이미 6.25전쟁을 통하여 동족에게 총부리를 겨눈 적이 있고, 1987년에는 무고한 민간인을 태운 대한항공 여객기를 공중에서 폭파한 적도 있다. 자신의 주민들조차 제대로 돌보지 않는 북한 정권의 수뇌부들이 동족이라는 이유로 한국에 대하여 핵무기를 사용하지 않을 것이라는 생각은 순진하다고 할 수밖에 없다.

일부 국민들은 북한이 핵무기를 사용할 경우 미국의 대대적인 보복을 받아서 북한은 물론이고 정권의 수뇌들이 멸망할 것이기 때문에 핵무기를 사용하지 않을 것이라고 한다. 이것은 북한 정권이 합리적일 것이라는 가정하에 내려진 결론이다.

그러나 북한 정권은 그다지 합리적이지 않다. 대규모 경제원조를 받을 수 있는 개방과 개혁을 수용하지 않은 채 핵무기 개발을 통한 고립의 길을 선택하는 북한을 어떻게 합리적이라고 말할 수 있을까? 지금까지 북한의 행동 중에서 합리적이라고 할 수 있는 것이 몇이나 있었던가? 그들의 시각에서는 합리적이라고 하는 사람도 있지만, 그러려면 합리성에 대한 정의를 바꿔야 한다. 북한과 같은 독재체제일수록 비합리적인 행위가 많을 수밖에 없다. 더욱이 김정은과 같은 젊은 지도자일수록 상황을 오판할 가능성이 높다.

실제로 북한은 2013년 4월 1일 최고인민회의에서 채택한 '자위적 핵보유국의 지위를 더욱 공고히 할 데 대한 법' 제5조에서 "적대적인 핵보유국과 야합해 우리 공화국을 반대하는 침략이나 공격행위에 가담하지 않는 한 비핵국가들에 대하여 핵무기를 사용하거나 핵무기로 위협하지 않는다."라고 밝히고 있다. 이것을 해석해보면 '적대적인 핵보유국'은 미국일 것이고 '적대적인 핵보유국과 야합해 우리

공화국을 반대'한다고 북한이 판단하는 국가는 한국일 것이다. 따라서 북한은 미국과 한국에 대해서는 핵무기를 사용할 수도 있다는 방침을 설정한 상태라고 할 수 있다. 어떤 계기에 의하여 상황이 악화될 경우 제2차 세계대전 이후 첫 번째의 핵폭발이 한반도에서 발생할 가능성을 배제할 수 없다.

## 사용한다면 어떤 상황에서 사용할까?

우리는 지금까지 북한이 핵무기를 사용할 수 있다고 생각하는 것을 자제해 왔다. 하지만 회피한다고 하여 현실이 없어지는 것은 아니다. 유쾌하지는 않지만, 북한의 핵무기 개발로 인한 안보 위협을 해소하고자 한다면 북한이 사용 가능한 상황을 상정하고, 그에 따른 대응방안을 강구할 필요가 있다.

우선적으로 떠오르는 상황은 북한이 정치적·경제적 양보를 요구하면서 핵무기 사용을 위협하는 것이다. 북한은 위협의 대가로 한국에게 금전적인 지원을 요구할 수 있다. 혹은 보안법 철폐나 친북 정치범의 석방을 요구하는 등으로 남한 내 친북세력의 활동 지원을 위한 요구를 할 수도 있다. 정부 정책방향의 변경이나 정부가 임명하는 인사의 교체 등을 요구할 수도 있다.

그러할 경우 한국의 국론은 분열될 것이고, 잠시 위기를 모면하고자 북한의 요구를 들어주자는 의견이 우세할 가능성도 배제할 수 없다. 그렇게 북한의 요구를 한국이 수용할 경우 북한은 점점 더 많은 요구를 할 것이다. 한 번 수용하면 두 번, 세 번 요구하게 되는 것이다. 그러한 과정에서 북한의 자만심은 더욱 높아질 것이고, 핵 위협은 더욱더 가중될 것이다.

북한은 국지도발 후 핵무기를 사용하겠다고 위협하여 한국의 보복을 차단하고자 할 수 있다. 그렇게 될 경우 한국은 응징보복 여부를 격렬하게 토론할 수밖에 없다. 혹여 북한의 위협에도 불구하고 한국이 응징보복을 실시하여 북한 측에 상당한 피해를 가했다면 북한은 그에 대한 책임과 배상을 조건으로 핵무기를 사용하겠다고 위협할 수 있다. 이 경우 북한의 요구를 수용할 수도 있으나 강경책이 선택될 가능성도 배제할 수 없다. 북한의 위협이 반복될수록 한국이 강경책을 선택할 가능성은 높아지고, 이러한 과정에서 상황이 통제할 수 없을 정도로 악화되어 핵무기가 실제 사용될 가능성도 높아질 것이다.

북한은 핵무기를 수단으로 미국과 직접 협상을 추진할 수도 있다. 핵무기를 확보한 북한은 모든 외교적 협상에서 남한 정부를 소외시키면서 미국과의 직접 협상을 강조할 것이고, 이러한 시도를 통하여 한반도에서 대표성을 확보하고자 할 것이다. 미국의 경우 최초에는 한국을 절대로 배제시키지 않겠다고 약속할 것이나 북한이 주한미군 기지나 괌, 나아가 하와이나 본토까지도 공격할 수 있다는 점을 지속적으로 암시할 경우 일정한 선에서 직접 대화에 나서지 않을 수 없다. 그러한 대화가 시작되면 한국의 입지는 점점 좁아질 것이다. 그렇게 되면 한국에서는 반미감정이 발생할 것이고, 미국과 북한 간의 대화에서 한국이 배제될 가능성은 더욱 높아질 것이다. 북미 간의 협상이 북한의 의도대로 진행되지 않을 경우 북한은 미국이 아닌 한국에 핵무기를 사용하겠다는 위협을 할 수 있고, 상황이 악화되면 실제 사용할 가능성도 존재한다.

북한은 대규모 공격과 핵무기 사용 위협을 병행할 수 있다. 북한은 국지도발보다는 좀 더 큰 규모의 제한된 공격(예를 들면 수도권에 대한 공격)을 실시하면서 핵무기를 사용하겠다고 위협하거나 또는 6.25 전쟁처럼 전면전을 실시하면서 핵무기를 사용하겠다고 위협할 수도 있다. 가능성이 높지는 않지만, 일정한 지역에 핵무기를 사용하여 한국을 공황 상태로 빠뜨린 후 전면적인 남침을 실시할 수도 있다. 한국은 최선을 다하여 전쟁을 수행할 것이나 핵무기 사용 가능성을 염두에 두어야 하기 때문에 행동과 선택의 자유가 상당히 제한될 가능성이 높다.

북한은 한국의 어느 도시를 핵무기로 공격할 수도 있다. 현재와 같이 남북한이 대화를 단절한 채 상호 간의 감정이 극단적으로 대립될 경우 북한 내에서는 한국을 응징해야 한다는 강경파가 득세할 수 있고, 따라서 한국의 어느 도시를 선정하여 시범적으로 핵미사일을 발사할 수 있다. 한 발을 발사하고 나서 북한은 추가적으로 위협하면서 한국의 굴복을 요구할 것이다. 이러할 경우 한미동맹에 의해 미국은 핵전력으로 응징보복을 할 것이다. 그러나 그렇게 되면 다른 도시에 대한 추가적인 공격이 계속될 수 있다.

이외에도 북한의 핵무기를 둘러싼 다양한 시나리오를 구상할 수 있다. 어떤 경우가 되든지 간에 핵무기의 사용 가능성을 완전히 배제할 수 없다.

## 북한이 핵무기를 사용할 경우 한국에게는 어떤 대안이 있는가?

북한이 항공기를 이용하여 핵무기를 투발할 경우 한국은 즉각적으로 탐지하여 요격할 수 있는 능력을 보유하고 있다. 북한의 공군기가 이륙하는 순간 한국은 이를 파악하여 필요한 대응책을 강구할 것이다. 한국의 F-15 및 F-16 전투기 성능은 북한의 전투기를 압도하는 수준이고, 한국은 다양한 지대공 미사일을 보유하고 있다. 그러나 북한이 탄도미사일을 통하여 핵무기를 투발할 경우 한국은 마땅한 대응책이 없다. 현재 한국은 공격해오는 핵미사일을 공중에서 격추할 수 있는 능력을 구비하지 못하고 있다.

가능한 방안은 북한이 핵미사일을 발사하기 전에 지상에서 파괴하는 것인데, 한국이 보유하고 있는 F-15 전투기와 F-16 전투기, 순항미사일, 탄도미사일을 효과적으로 활용할 경우 북한의 핵미사일 기지를 어느 정도는 파괴시킬 수 있다. 그러나 문제가 되는 것은 선제타격을 위한 정확한 정보를 확보할 수 있느냐는 것이다. 북한이 핵미사일 발사로 위협하는 길지 않은 시간 동안에 한국이 정확한 타격을 위한 모든 정보를 파악하는 것은 거의 불가능하다.

결국 한국은 한미동맹을 바탕으로 미국의 핵무기로 보복하겠다고 억제시키는 방법밖에 없다. 이를 북한이 수용하면 괜찮지만 그렇지 않고 공격을 강행해버릴 경우 대책이 없다. 북한에 대한 보복공격을 할 수는 있지만 이미 남한에 핵무기가 낙하되어 대규모 피해가 발생한 상태일 것이다. 북한 지역을 보복하는 것이 큰 의미가 있다고 보기는 어렵다.

인정하기는 싫지만, 한국은 북한의 핵무기 위협으로부터 국토를 보전하고 국민의 생명과 재산을 보호할 수 있는 능력을 구비하지 못한 상태이다. 이것이 모든 국민들이 북한 핵무기 위협의 심각성을 이해하고 지혜와 역량을 모아서 해결해 나가야 하는 이유이다.

## 현 상황의 심각성은 어느 정도인가?

북한의 핵미사일 보유는 한국이 지금까지 경험하지 못한 엄청난 시련이다. 북한은 정치적이거나 군사적인 충돌이 발생할 경우 핵무기를 직접적으로 사용하거나 사용하겠다고 위협할 것이고, 이러한 경우 한국은 전략적 수세에서 벗어날 수가 없다.

장차 북한이 가진 핵무기의 양과 질이 늘어나고, 정치적 또는 군사적 갈등이 극단적으로 악화될 경우 북한의 핵무기는 사용될 수도 있다. 핵무기로 위협하여 북한은 정치적, 경제적 양보를 요구할 수 있고 한국에 대한 국지도발 후 한국이 보복할 경우 핵무기로 공격하겠다고 협박할 수 있다. 북한은 핵무기를 배경으로 미국과의 직접 협상을 추진함으로써 한반도에서 대표성을 확보하고자 할 수 있다. 가능성이 높다고 볼 수는 없지만 북한이 핵무기 공격과 전면전을 혼

합할 가능성도 배제할 수는 없고, 평시의 상황에서도 한국의 어느 도시를 공격하여 핵무기의 위력을 과시함으로써 한국을 굴복시키고자 할 수 있다.

북한의 핵무기 위협은 전통적인 대비태세를 부분적으로 강화하여 대처할 수 있는 수준이 아니다. 북한의 핵무기 보유는 지금까지 한국이 노력해온 군사적이거나 경제적인 우위를 무의미하게 만들기 때문이다. 한국의 입장에서는 안보의 패러다임을 근본적으로 전환하여 대응해야 하는 중차대한 사태이다. 현실적으로 한국은 북한의 "핵무기를 머리에 이고 살 수밖에 없는" 상황이다.

북한은 핵무기를 절대로 포기하지 않을 것이고, 시간이 경과할수록 북한의 핵능력은 증대될 것이다. 북한의 핵능력이 증대될수록 한국의 재래식 대응능력은 무력화될 것이고, 대응수단도 제한되어 갈 것이다. 지금까지 외교적인 접근에 중점을 두다가 이와 같은 사태를 맞게 되었다면, 이제부터는 군사적 대응책으로 중점을 전환하지 않을 수 없다.

# 2장

# 한국
# 핵 위협 대응의
# 목표와 전략

북한은 한국의 어느 지역이라도 공격할 수 있는 핵미사일을 확보한 상태이다. 한국은 냉전시대의 미국인들처럼 '핵무기와의 동거(Living with Nuclear Weapons)'를 현실로 받아들여야 한다. 미국의 핵 보복력에 의존하고 있지만, 이것은 신뢰성 있는 해결책이 되지 못한다. 국가의 존망을 좌우할 수 있는 일을 외국의 지원에만 의존할 수는 없기 때문이다.

현재 상태에서 한국에게 최우선적으로 요구되는 사항은 무엇일까? 바로 핵무기 대응에 관한 한국의 궁극적인 목표와 기본방향을 현실적으로 정립하는 것이다. 북한의 핵미사일 공격이 임박한 상황에서 한국이 절대로 허용할 수 없는 것이 무엇인가를 결정하고, 이를 달성하기 위한 방법을 고민해야 한다. 그것이 설정되어야 가능한 대안들에 대한 토론이 기준을 갖게 될 것이다. 그리고 나서 현재 가용한 모든 자원을 총동원하여 효과적인 대응을 위한 방법과 수단을 강구해야 할 것이다. 비록 어려운 일이지만 포기할 수 없는 일이다.

## 북한의 핵 위협에 대한 한국의 핵심적 목표는 무엇이어야 하는가?

국방의 근본적인 목표는 외부의 위협으로부터 국가의 독립을 보전하고, 국민들의 생명과 재산을 보호하는 것이다. 따라서 한국은 북한의 핵미사일 위협으로부터 국가와 국민들을 보호해야 한다. 그렇다면, 그 '보호'를 위한 양보할 수 없는 조건은 무엇인가?

북한의 핵 위협과 관련하여 한국이 절대적으로 달성해야 할 핵심적인 목표는 '한국에서 핵무기가 폭발하지 않도록 하는 것'이다. 핵무기가 한국에서 폭발할 경우 수많은 국민들이 사상을 당할 뿐만 아니라, 민족의 생활터전 자체를 잃을 수도 있기 때문이다. 과거와 같은 재래식 전쟁에서는 피해의 복구가 가능했지만 핵전쟁은 그렇지 않다. 핵폭발은 전쟁까지 해서라도 지키고자 했던 국토와 국민들을 존재할 수 없게 만들어 버린다. 따라서 어떤 방법을 동원하든 한국에서 핵폭발이 발생하지 않도록 해야 하는 것이다.

'한반도'에서 핵폭발이 발생하지 않도록 생각의 범위를 확대할 수도 있다. 한반도의 북쪽도 우리 영토의 일부이고, 통일해야 할 대상이기 때문이다. 그러나 '한국'에서 핵무기가 폭발하지 않도록 하기 위하여 불가피하다면 북한에서 핵무기를 폭발시켜야 한다. 북한주민이 대량으로 살상당할 수 있고 북한 지역이 황폐화되며 방사선이 유출되어 살 수 없는 지역으로 변모하겠지만 한국의 생존을 위하여 불가피하다면 어쩔 수 없다.

북한이 한국을 공격하고자 할 경우 한국은 과감한 선제타격으로 북한의 핵무기를 공격하여 지상에서 파괴시켜야 한다. '한반도'에서 핵무기가 폭발해서는 곤란하다고 생각하여 결정을 머뭇거릴 경우 '한국'에서 핵무기가 폭발할 가능성이 높아질 수밖에 없다. 핵폭발의 재앙으로부터 보호해야 할 우선순위를 명확하게 설정하는 것이야말로 북한 핵무기 위협에 대한 현실적 대응책을 마련하는 출발점이다.

## 한국에서 핵무기가 폭발하지 않도록 하려면 어떻게 해야 하나?

먼저 국민들이 사안의 심각성을 냉정하게 인식하도록 하는 것이 최우선적 과제이다. 한국은 현재 핵무기의 위협하에 놓여 있고, 통상적인 방법으로는 그것을 해소하기 어렵다. 잘못하면 한국에서 핵무기가 폭발하여 우리의 생존터전 자체가 없어질 수 있다. 핵무기에 대한 대응은 민족의 생존을 담보로 한 것이다. 이러한 심각성을 국민들이 이해해야 필요한 수단과 방법을 모색해낼 수 있다.

그런 다음 한국은 북한의 핵 위협 대응에 필요한 모든 수단과 방법을 모색 및 동원할 수 있어야 한다. 한국에서 핵무기가 폭발하는 것을 막는다는 것은 너무나 중대한 동시에 어려운 과제이기 때문에 어떤 수단과 방법도 배제할 수 없다. 지금까지의 성과가 좋지 않기는 하지만 6자회담을 비롯한 외교적 노력도 소홀할 수 없다. 미국의 확장 억제와 핵우산도 최대한 활용해야 할 것이다. 필요시 북한의 핵무기를 타격하여 제거하기 위한 방안도 검토하거나 준비해야 한다. 미국의 핵 보복력을 활용하면서도 그것이 제대로 지원되지 않을 경우에 대비해 한국 스스로의 보복방법과 수단도 준비해야 한다. 그리고 북한의 핵미사일을 공중에서 요격하여 격추할 수 있는 능력도 구비해 나가야 한다. 필요하다면 예방타격도 불사할 수 있어야 한다. 어떤 방안도 배제하지 않으면서 각 방안의 효율성을 계속 향상시켜 나가야한다.

지금까지 외교적 해결책에 중점을 두었다면 이제는 점차 군사적인 억제 및 방어책을 개발하는 데 더욱 많은 노력을 기울일 필요가 있다. 제3차 핵실험을 통하여 북한은 소형화된 핵을 미사일에 탑재하여 발사할 수 있기 때문이다. 군사적 대책에 박차를 가하지 않을 수 없다. 그런데 군사적 대책은 시작하더라도 완성하는 데 시간이 많이 걸린다. 필요하다는 것을 알고 나서 시작하면 늦을 수 있다. 오래 전에 착수해야 했던 이유이다.

한국은 한미동맹을 중심으로 우방국과의 협력을 통하여 공동대응력을 강화해 나가야 한다. 미국은 세계에서 가장 강력한 핵 군사력과 재래식 군사력을 보유하고 있고, 미사일 방어체제도 상당한 수준이기 때문이다. 다행히 한국은 미국과 동맹관계를 맺고 있고, 미국도 유사시 동맹에 의거하여 대응하겠다고 약속하고 있다. 미국에 의존함으로써 받는 자존심 손상은 한국에서 핵무기가 폭발하는 것에 비하면 충분히 감수할 수 있을 것이다.

필요하다면 일본과의 협력도 모색할 수 있어야 한다. 독도 등을 둘러싼 영토 문제나 과거 역사에 관한 감정적 문제는 어느 정도 자제하면서 북한의 핵무기 위협에 대응하여 협력할 수 있어야 한다. 핵폭발을 예방 및 억제하는 것보다 더 심각한 사안은 없다.

한국은 '비핵화'나 '핵무기 대응'에 중심을 두고 북한과의 관계를 추진해 나가야 한다. 북한이 핵무기를 보유하게 되었다면 남북관계의 성격을 다르게 봐야 한다. 경제적으로 앞선 한국이 북한을 지원하는 것이 아니라 핵무기 보유로 전략적인 우위를 확보한 북한이 남북관계를 주도할 수 있다. 북한의 비핵화나 핵무기 대응에 필요하다면 다소 손해를 보더라도 북한과 대화를 계속해야 한다. 과감한 양보도 필요할 수 있다. 남북관계도 한국에서의 핵무기 폭발을 예방 및 억제한다는 전략적 목표에 기여할 수 있느냐를 기준으로 판단하고 추진해 나가야 한다.

이러한 모든 조치를 성공시키기 위한 근본적인 조건은 국민들의 공감대이다. 대부분의 국민들이 "북한의 핵무기 위협이 너무나 심각하여 비상적인 조치를 강구할 수밖에 없다."는 사실을 인정해야 한다. 한 민족이기 때문에 북한이 핵무기를 사용하지 않을 것이라거나, 북한의 핵무기는 미국과 북한 간의 문제라거나, 통일이 되면 북한의 핵무기는 한국 것이 된다는 식의 사고를 국민이 갖고 있는 한 한국은 효과적인 핵무기 대응전략을 수립할 수 없다. 혹 수립했다고 하더라도 그 전략이 제대로 작동될 수 없다. "어떠한 일이 있어도 한국에서 핵무기가 폭발하도록 하지 않겠다."는 각오로 모든 국민들이 단결할 때 핵문제 해결의 실마리가 찾아질 것이다.

## 6자회담으로는 북한의 핵무기를 폐기시키지 못하는가?

6자회담은 북한 핵문제 해결을 위한 국제적인 협의체제이다. 미국,

중국, 한국, 일본, 러시아, 북한으로 구성되는 협의체를 말한다. 한때 6자회담은 국민들로 하여금 상당한 기대를 갖게 하였고, 2005년에는 '9.19 합의'를 통하여 북한의 핵개발 포기를 위한 희망적인 합의에 이르기도 하였다. 그러나 결국 북한이 합의를 이행하지 않음으로써 6자회담은 교착상태에 빠진 상태이다.

6자회담을 통한 해결이 갖는 장점은 명분상으로 유리하다는 것이다. 국제적인 협의와 합의를 통하여 북한 핵문제를 해결해야 한다는 명분은 누구도 거부할 수 없기 때문이다. 그렇기 때문에 북한 핵문제가 불거질 때마다 6자회담이 거론되고, 6자회담의 대표들이 만나서 향후 처리방안을 논의하는 것이다. 또한 성과를 내기도 쉽지 않지만 6자회담을 통한 자체 협의는 이루어질 가능성이 높다. 6자회담을 주도하고 있는 국가가 중국이고, 북한도 중국의 요청을 무시할 수 없기 때문이다. 특히 6자회담을 통하여 북핵 문제가 협의 및 합의될 경우 한국의 부담은 줄어들 수 있다. 한국 단독의 해결방법은 한국이 대부분의 위험과 비용을 부담해야 하지만, 6자회담은 북한을 제외한 5개국이 분담하는 형식이 될 것이기 때문이다.

그러나 6자회담의 위험부담도 적지 않다. 가장 근본적인 것은 지금까지의 경험에서 나타났듯이 성과를 달성하기가 어렵다는 것이다. 이전에 그러하였듯이 6자회담은 북한에게 핵무기 정교화를 위한 시간만 제공하는 결과가 될 수 있다. 북한은 처음에는 어떤 양보를 하는 것처럼 합의하다가 마지막 순간에는 그 합의를 이행하지 않을 것이다. 오히려 시간을 벌어서 기존 핵무기의 양과 질을 결정적인 수준으로 향상시킬 수 있다.

또한 6자회담에서는 한국의 역할이 제한될 가능성이 크다. 북한의 핵무기에 가장 큰 위협을 느끼는 국가는 한국임에도 6자회담에서 한국의 역할은 1/6 또는 1/5에 그칠 것이다. 미국과 중국이라는 강대국으로 인하여 그 정도의 영향력조차 행사하지 못할 가능성이 크다. 가장 우려되는 사항은 6자회담은 북한 핵무기의 위협을 희석시킬 우려가 있다는 것이다. 북한 핵문제가 외교적 협상 위주로 논의될 경우 국민들은 북한 핵무기의 위험성을 망각할 수 있다. 결과적으로 북한 핵무기 사용 가능성에 대한 대비의 절박성이 약해질 수 있다.

한국은 6자회담도 활용해야 한다. 그러나 회담을 주도할 수 있어야 하고 합의 불이행 시의 제재장치를 동시에 강구할 것을 주장해야 한다. 또한 북한에게 핵무기 정교화를 위한 시간을 주는 결과가 되지 않도록 협의의 마감시한을 설정할 수도 있어야 한다.

6자회담은 진행 자체로는 아무 소용이 없다. 가시적 성과를 내어야 의미가 있는 것이다. 6자회담이 진행되는 동안에 핵통제 장치가 풀려 왔고, 핵무기라는 미친 소가 인류를 향하여, 특히 우리를 향하여 돌진할 가능성이 높아져 온 셈이다.

## 미국과 북한이 직접 접촉하여 핵문제를 해결하도록 하면 어떤가?

북한의 핵문제 해결이 워낙 중요하기 때문에 미국이 중심이 되어 북한과 접촉 및 협상하도록 허용할 수도 있다. 여기에는 미국과 북한이 직접적으로 접촉하는 형식이 있을 수 있다. 또는 6자회담이나 4자회담의 형식 속에서 실제적으로는 미국이 주도적인 역할을 하도록 한국을 비롯한 다른 국가들이 묵인할 수도 있다. 1994년의 제네바 합의도 그렇고, 2005년의 9.19 합의에서도 미국과 북한의 직접적인 협상이 중심을 이루었다. 한국의 국력이나 한미동맹에 근거한 미국과의 신뢰관계를 고려할 때 한국이 소외되거나 한국의 입장이 무시되지는 않을 것이라는 판단도 작용하고 있다.

이 방안의 가장 큰 장점은 북한으로 하여금 회담을 회피할 명분이 없도록 만든다는 것이다. 북한은 지금까지 미국과의 직접적인 협상을 요구해오고 있기 때문이다. 따라서 북한 핵문제를 위한 협상이 실제적으로 열릴 가능성이 높고 1994년의 제네바 합의와 같이 미북 간에 어떤 합의를 도출할 가능성도 높다. 미국은 주도성을 갖는 만큼 책임감을 느끼지 않을 수 없고, 따라서 북한 핵문제 해결을 위하여 노력하는 정도도 커질 것이다. 이 방안을 통하여 중국, 일본, 러시아의 간섭을 최소화할 수 있다.

이 방안은 위험도 적지 않다. 가장 큰 위험은 북한의 핵문제와 관련하여 한국이 소외될 수 있다는 것이다. 미국과 한국의 국익 기준이 상이할 경우 미국은 그들의 입장대로 북한과 합의해버릴 수 있다. 그렇게 되면 한국은 대단히 불편한 상황에 처할 것이다. 미국은 개발된 북한 핵무기를 폐기시키는 것이 아니라 더 이상의 확산을 방지하는 선에서, 즉 비확산(non-proliferation) 차원에서 타협해버릴 가능성이 있다.

나아가 미북 간의 직접협상으로 해결되면 북한 핵문제에 국민들이 무관심해질 수도 있다. 지금도 북한의 핵무기가 미국과 북한 간의 문제라고 인식하는 국민들이 적지 않은 것은 지난 6자회담을 통하여 이러한 방식으로 북한 핵문제 해결을 추진해왔기 때문이다.

어느 정도 미국과 북한의 직접적인 접촉을 양해하더라도 한국은 미국과 확고한 신뢰관계를 보장할 수 있는 장치를 마련해둘 필요가 있다. 즉 미국이 북한과 협상할 경우 사전 및 사후에 한국과 긴밀하게 협의하도록 해야 한다. 아울러 한국이 동의하지 않는 사항을 미북 간에 합의하는 일이 없도록 양국 간에 합의해야 한다. 그리고 특정한 주제와 관련해서만 미북 간의 직접적인 접촉을 허용함으로써 한반도 문제에 관한 한국의 주인의식(ownership)을 확고하게 정립해야 한다. 당연히 북한이 한미 간을 이간시키고자 하는 시도가 있을 경우 미북 간의 협상을 중단하도록 미국과 합의해 두어야 할 것이다.

## 중국을 통한 해결은 불가능한가?

북한에 대하여 가장 영향력이 큰 국가는 중국이다. 때문에 중국을 활용한 북한 핵문제 해결방안에 대한 기대가 적지 않다. 한국은 중국과의 관계를 강화하거나, 북한의 핵무기가 중국에게도 위협이 될 수 있다는 점을 설득해야 한다. 그렇게 해서 중국이 북한의 비핵화에 적극 나서도록 할 필요가 있다. 정치적, 경제적인 측면에서 중국에 의존할 수밖에 없는 북한으로서는 중국의 요구를 수용할 가능성이 높다. 이로써 비핵화에 어떤 진전을 가져올 수도 있다. 북한이 중국의 제안을 수용하지 않을 경우 중국과 북한 간의 동맹관계가 붕괴될 수 있다. 만약 중국마저 북한을 제재한다면 북한은 어려운 상황에 처할 수 있다.

이 방안의 장점은 북한에 대한 압력의 효과가 실질적이면서 클 수 있다는 것이다. 중국의 지원에 상당히 의존하고 있는 북한의 입장에서 중국마저 잃을 수는 없기 때문이다. 그래서 북한은 중국의 요구를 가급적이면 수용하고자 노력할 것이다. 한국이 중국과 진정한 협력관계를 정립할 경우 한국 주도의 한반도 통일에도 유리한 상황이 조성될 수 있다.

이 방안 또한 위험성을 지니고 있다. 가장 큰 것은 한미동맹과 상충된다는 것이다. 미국과 중국은 세계적이거나 동북아시아 지역적인 차원에서 경쟁하는 입장이다. 이러한 상황에서 한국이 중국과 긴밀한 협력관계를 가질 경우 미국과의 관계에서 오해와 불편함이 발생할 수밖에 없다.

나아가 중국을 신뢰할 수 있는가에 대한 의문을 고려하지 않을 수 없다. 거의 사문화되었다고 하지만 중국은 북한과 동맹관계를 맺고 있고, 이념적으로 공통성이 많으며, 지금까지도 형제국과 같은 긴밀한 우호협력 관계를 유지해오고 있기 때문이다. 중국이 어느 순간 한국보다 북한의 입장을 지지해버릴 경우 한국은 아무런 성과도 달성하지 못한 채 입장이 난처해질 수 있다. 지금까지의 행태를 고려했을 때 중국이 한반도 비핵화를 위하여 어떤 주도적인 제안을 제시하거나 책임 있는 대안을 구현할 가능성은 높지 않다.

이 방안을 성공시키고자 한다면 한국은 중국과 진정한 '전략적 협력동반자 관계'를 추진해야 할 것이다. 다만, 한미동맹 관계를 훼손하지 않는 범위 내에서 추진하도록 그 정도를 잘 조절해야 할 것이다. 나아가 북중 관계를 정확하면서도 냉정하게 분석할 필요가 있다. 표면적으로 드러나는 몇 가지 현상만 보고 중국이 북한보다 한국을 우선하는 것으로 착각하지 않아야 하기 때문이다.

## 일본과도 협력해야 하지 않는가?

한국은 기본적으로 한미동맹에 의존하고 있지만, 일본과도 협력함으로써 한·미·일의 3개국이 단결하여 북한의 핵문제를 해결해 나간다면 상당한 효과를 거둘 수 있을 것이다. 6자회담이든 다른 어떤 국제적인 회합이든 한국과 미국, 그리고 일본은 단합된 입장을 견지하고 공통의 이익에 부합되는 방향으로 결정을 주도해 나갈 필요가 있다. 그러면 북한과 직접 협상할 때는 1:3의 우세한 입장에 서고, 6자회담에서도 기본적으로 3:3의 확고한 영향력을 가질 수 있다. 실제로 1990년대 후반부터 한·미·일 간에 TCOG(Trilateral Coordination Group)이라고 하여 대북문제에 관한 공조체제를 구축한 경험도 있다.

이 방안의 장점은 북한의 비핵화에 대한 목표를 확실하게 공유하는 국가들 간의 협력이기 때문에 그 강도와 일치성이 클 수 있다는 것이다. 한국, 일본, 미국은 자유민주주의라는 이념을 공유하고 있기 때문에 모든 문제에서 긴밀하게 특히 합리적으로 협의할 수 있다. 따라서 제반 협의와 협상이 매우 효과적일 수 있다.

또한 이와 같은 한·미·일 협력은 핵무기 이외 북한의 도발 대응에도 적용할 수 있다. 즉 북한의 재래식 도발의 억제는 물론이고, 북한이 추가적인 핵실험을 실시하거나 미사일 시험발사를 할 경우 한·미·일 3국은 긴밀하게 협의 및 협력할 수 있다. 이러할 경우 서로의 장단점을 보완할 수 있어서 전체적인 대응력이 크게 향상될 수 있다.

이 방안의 위험성은 북한 핵문제를 둘러싼 주변 국가들의 협의를 냉전시대의 북방 삼각관계(북한, 중국, 러시아)와 남방 삼각관계(한국, 미국, 일본)의 대결 구도로 전환시킬 수 있다는 것이다. 이러할 경우 중국은 북한을 지지하는 쪽으로 돌아설 가능성이 있다. 러시아도 그러하게 될 것이며 결국 북한 핵문제의 해결은 더욱 어려워질 가능성이 높다. 가장 문제가 되는 것은 국내 여론의 지지이다. 일본과 정보교류협력협정을 체결하기도 어려울 정도로 국민들이 일본에 대하여 상당한 거부감을 갖고 있는 것이 사실이기 때문이다. 독도문제로 최근 직접적인 갈등요인까지 노출된 상황이라서 일본과의 협력은 더욱 어려울 수 있다.

이 방안이 성공하기 위해 한국은 중국이나 러시아를 자극하지 않는 범위 내에서 자연스럽게 한·미·일 협력 체제를 강화해 나갈 수 있어야 한다. 어떤 기구를 만들거나 협약을 체결하는 등의 형식적 접근보다는 실질적인 측면에서 공조체제를 강화할 수 있도록 지혜를 모을 필요가 있다. 무엇보다 중요한 것은 한·미·일 협력의 필요성에 대한 국민적 합의를 이룩하는 것이라고 할 것이다.

## 북한을 평화애호국가로 변화시키는 것은 불가능한가?

북한이 현재와 같은 호전성을 포기하고 평화애호국으로 변모하는 것보다 더 좋은 방안은 있을 수 없다. 현재의 김씨 일가를 더욱 평화적으로 변모시킬 수도 있고, 덜 호전적인 다른 정권이 들어서도록 노력할 수도 있을 것이다.

북한을 변화시키겠다는 이 방안은 어려워 보이지만 실현 가능성이 그다지 낮은 것은 아니다. 북한 체제는 이미 상당한 문제점을 지니고 있기 때문에 그것을 주민들에게 정확하게 알릴 경우 변화의 소지가 발생할 가능성이 높다.

또한 이 방안은 합리적일 수 있다. 개발해둔 핵무기를 포기한 남아프리카공화국의 사례를 봐도 그렇다. 북한에 새로운 정권이 들어서서 제반 사항에 대한 시각이 달라질 경우 핵무기에 관한 정책도 충분히 달라질 수 있다.

특히 이 방안은 국제적 협력보다는 한국이 주도적으로 추진하여 성과를 달성할 수 있을 여지가 크다. 한국 정부의 지략이 충분히 발휘될 수 있으며, 성공적으로 수행될 경우 통일과 연결될 가능성도 높다.

이 방안의 위험성은 한반도의 긴장관계를 악화시킬 수 있다는 것이다. 이 방안은 북한의 현 정권을 부정하고 내부적으로 붕괴하도록 획책하는 것이기 때문이다. 한국이 시행하는 공작이나 심리전에 대해 북한은 극단적인 알레르기 반응을 보일 것이다. 그 결과 남북한 간의 상호비방과 갈등이 강화될 것이다. 또한 그 후유증으로 북한이 군사적 도발을 결행하거나 핵무기로 위협할 가능성도 배제할 수 없다. 또한 이 방안은 긴 시간이 소요될 가능성이 높고, 성공 가능성도 확신하기 어렵다.

이 방안이 제대로 구현되기 위해서는 북한의 반발을 최소화하면서도 북한 내부를 변화시킬 수 있는 창의적이면서도 성과 있는 책략을 구사할 수 있어야 한다. 공작이나 대북심리전 등을 활발하게 전개해야 한다. 그런 식으로 북한 내부를 변화시키거나 한국에게 유리한 여건을 조성할 수 있도록 정부가 절대적으로 노력과 지략을 기울여야 한다.

당연히 북한 핵문제 해결을 위한 다른 직접적인 방안도 동시에 추진하여야 할 것이고, 북한 주민들의 마음을 얻을 수 있는 지속적이면서 다양한 방안들을 잘 선별하여 시행해야 할 것이다.

그러나 무엇보다 중요한 것은 북한을 변화시키는 것이 기대보다 훨씬 어려울 것이라는 점을 냉정하게 인식하는 것이다. 한 개인도 오래된 습관을 버리기 어렵다. 북한의 경우도 마찬가지다. 지금까지 고수해온 고립·독재·핵 공갈의 방식을 쉽게 포기하지는 않을 것이다. 문제 해결에 있어 환상보다 더 위험한 것은 없다.

## 결국 한국도 핵무기를 보유해야 하는 것 아닌가?

핵무기에 대해서는 핵무기가 가장 효과적인 대응책이라는 인식은 당연히 있을 수 있다. 한국이 자체적인 핵 억제력을 보유하는 방안이 적극적으로 논의되어온 이유이다. 그 방향은 주로 한국 스스로 핵무기를 개발하거나 미국의 핵무기를 한반도에 배치하도록 하는 것이었다. 그래야 남북한 간 핵에 대한 균형이 확보되고 억제전략을 구사할 수 있으며 북한과 한반도 비핵화, 평화공존, 통일을 논의할 수 있을 것이기 때문이다.

한국이 핵무기를 보유하는 것은 북한의 핵무기에 대한 논리적 억제태세를 확보한다는 것이다. 북한이 핵무기로 공격하면 한국은 그보다 더 심대한 피해를 끼칠 수 있다고 위협할 수 있기 때문이다. 그러면 북한은 핵무기 사용을 자제할 것이다. 따라서 이 방안은 단순하고, 행동방향이 명확하다. 핵무기만 개발하거나 반입하면 되기 때문이다.

이 방안의 가장 큰 단점은 한반도를 핵 전장으로 만들 수 있다는 것이다. 북한에 이어 한국까지 핵무기를 보유하게 되면 우선은 핵균형이 유지되는 것처럼 보일 수 있다. 그러나 장기적으로는 그것이 사용될 가능성이 높아지고, 그러할 경우 한민족의 생활터전 자체가 극단적으로 훼손된다.

생각처럼 이 방안의 실현 가능성이 높은 것도 아니다. 한국의 경우 현재 플루토늄이나 농축우라늄을 보유하고 있지 않을 뿐만 아니라 앞으로 보유하기도 어렵다. 온갖 국제적 제재를 감수하면서 핵무기를 제작하는 것도 현실적이지 않다.

미국의 핵무기를 한반도에 배치하는 것을 미국이 동의해줄 가능성은 높지 않다. 특히 이 방안은 북한 비핵화 명분을 미국 스스로 포기하는 것이 되어서 국제적인 지지를 상실하게 만들 수도 있다.

이 방안에 관해서는 실현 가능성(feasibility) 분석이 선행될 필요가 있다. 희망이나 감정에 치우쳐 결정했다가 그것을 제대로 구현하지 못하면 낭패가 될 것이기 때문이다. 철저한 분석 결과에 따라 두 가지 중 선택을 해야 한다. 하나는 실제로 이 방안을 추진하는 것이다. 다른 하나는 북한의 핵무기 폐기에 미국 및 국제사회가 더욱 노력할 수 있도록 이 방안의 결행으로 엄포를 놓는 것이다.

다만 실제로 핵무기를 확보하고자 한다면 핵무장에 대한 국민적 여론을 자제시킬 필요가 있다. 그래야 핵무기 제조를 위한 잠재력을 갖출 수 있기 때문이다.

## 한국의 바람직한 대응 개념은 무엇이어야 하는가?

북한의 핵무기 위협은 국가의 존망을 좌우할 수 있는 위협이다. 따라서 국가의 모든 역량을 통합적으로 활용하여 대응하지 않을 수 없다. 국가 전체 차원에서 외교, 경제 등의 모든 수단을 동원할 필요가 있다. 이러한 점에서 한국이 앞으로 추구해야 할 북한 핵 위협에 대한 전략은 '전방위 억제전략'이어야 한다.

전방위 억제전략의 핵심은 군사적인 수단과 비군사적인 수단을 효과적으로 통합하는 것이다. 앞에서 살펴본 다양한 방안들을 모두 활용하고, 가능하면 다수의 방안들을 동시에 적용하며, 이들 간의 상충성은 최소화하면서 상호보완성은 극대화할 수 있어야 할 것이다.

전방위 억제전략에서 가장 효과적으로 활용하여야 할 것은 외교적 수단일 것이다. 6자회담을 통하여 북한의 핵무기를 포기 및 폐기시키는 것이 최선임은 두말할 나위가 없다. 과거의 경험을 잘 분석하여 동일한 시행착오를 겪지 않도록 노력하는 가운데 실질적인 대안들을 제대로 구현해 나가야 한다.

경제적인 억제전략도 중요하다. 북한은 경제적으로 워낙 궁핍하여 그 효과가 클 것이다. 한국은 경제적 지원을 통하여 북한과의 관계를 개선하거나, 경제적 제재를 통하여 북한의 핵무기 추가개발을 차단할 수 있어야 한다. 다양한 국제적 경제제재 조치가 어느 정도 기능하고 있는 지금, 이것을 더욱 철저하게 준수하거나 다른 국가들도 그렇게 하도록 촉구할 필요가 있다.

북한 주민들이나 북한 지도부의 생각을 바꾸기 위해 다양한 정치적·전략적 공작과 심리전도 필요하다. 북한 주민들은 자유민주주의의 가치나 대한민국의 의도는 물론이고 핵전쟁의 위험성도 잘 모를 수 있기 때문이다. 다양한 방법을 구사하여 북한 주민들, 나아가 북한 지도층의 생각을 평화적으로 바꾸고 북한 내부에 분란이 발생하도록 여건을 조성하여 남북한 평화공존에 보탬이 되도록 만들어야 한다.

그 외에도 국가적 차원에서 북한의 핵무기 사용을 억제하거나 한반도의 비핵화를 위하여 필요하다고 판단되는 다양한 조치들을 모두 강구할 필요가 있다. 물론 그러한 것들은 전체적인 맥락에서 일관성을 가져야 할 것이다.

북한이 '핵 딜레마'에 빠지도록 지속적인 국제적 압력을 행사할 수 있어야 한다. 핵무기를 개발하면 국제적인 압력과 제재가 더욱 강력해지면서 경제적 어려움이 지속된다고 할 경우 북한 내부 강경파의 발언이 약해질 수 있기 때문이다. 그리하여 남아프리카공화국의 예와 같이 핵무기를 포기하는 것이 이익이라는 의견이 북한 내부에서 제기되는 상황을 조성해야 한다.

이러한 조치의 기본은 국민들이 북한 핵무기의 위협과 심각성을 있는 그대로 인식하는 것이다. 그리고 군대가 최선의 노력을 경주하여 핵 대응태세를 구비하는 것이다. 지금부터 군의 일상사는 핵 위협으로부터 국토와 국민의 안전을 보장하는 것이어야 한다. 왜냐하면 군대야말로 외부의 위협으로부터 국민들의 생명과 재산을 보호할 사명을 지니고 있는 유일한 집단이기 때문이다.

## 현 대응방향에서 크게 달라져야 할 사항은 무엇인가?

무엇보다 외교적인 대응책에서 군사적인 대응책으로 중점을 전환시켜야 한다. 지금까지의 경험으로 볼 때 외교적 대응으로는 성과를 달성하기 어려웠다. 오히려 강대국들에게 주도권을 내주는 결과가 될 뿐이었다.

북한이 핵 공격을 감행할 수 있다는 가정을 바탕으로 국민들의 생명과 재산을 보호할 수 있는 수단을 구비해야 한다. 북한의 핵무기를 공격하거나 방어할 수 있는 능력을 구비하느냐가 북한 핵 위협 대응의 핵심이 되어야 한다. 군사적 대응이 없는 외교적, 경제적 대응은 공허하거나 위험할 수 있다.

한국의 상황과 여건에 부합되는 군사적 억제전략을 정립하고, 그

명칭을 통일시킬 필요가 있다. 그래야 많은 사람들이 동일한 개념으로 전략을 이해할 수 있다. 또한 전략에 대한 토의나 전달도 편해질 것이다. 이를테면 천안함 폭침 당시 소집된 안보총괄점검회의에서는 '능동적 억제전략'이라는 용어를 사용한 바 있다. 이후 이를 계승한 '국방개혁 307계획'에서는 '적극적 억제전력 확보'라는 용어를 사용했다. 최근 '능동적 억제전략'이 부각되고 있으나 그 구현방법은 더욱 구체화되어야 한다.

현실적으로 중요한 요소는 북한의 핵무기 위협이 있으면 효과적으로 억제, 선제타격, 요격할 수 있는 무기체계를 구비하는 것이다. 실질적인 무기체계를 구비하지 않은 채 억제전략을 논의하거나 외교적 해결을 추진하는 것은 공허한 것이다. 무기체계 확보에 걸리는 시간을 고려하면 더욱 서둘러야 한다.

국가적 차원에서 북한의 핵무기에 대한 군사적 대응책을 종합적으로 수립하고 시행을 건의할 수 있는 조직을 청와대 직속으로 설치할 필요가 있다. 이러한 조직을 통하여 북한의 핵 위협 정도, 한국의 대응태세, 구현해 나가야 할 전략, 확보해 나가야 할 전력을 결정하고 시행하도록 해야 한다. 이 조직이 북한 핵무기 위협에 대한 대응의 중심이 되어야 할 것이다.

북한의 핵 개발이 심화될수록 더욱 적극적이고 공세적인 억제전략을 모색해 나가야 한다. 그만큼 북한의 핵무기 사용 가능성이 높아지기 때문이다. 따라서 불가피한 상황이라고 판단할 경우 선제타격하겠다는 방침하에 계획을 수립하고 전력을 확보해야 한다. 상황이 더욱 절박하다고 판단할 경우 예방공격 차원에서 북한의 핵무기 및 관련시설을 사전에 파괴할 수 있는 방침과 계획도 구비할 필요가 있다.

# 3장

# 억제전략

북한의 핵무기 보유 문제를 외교를 비롯한 평화적 수단으로, 즉 비군사적으로 해결할 수 있다면 최선이다. 그러나 6자회담을 진행하는 동안 북한은 핵무기를 개발하였고, 남북한 간에는 핵문제 해결을 위한 협의가 전혀 이루어지지 못하고 있다. 따라서 외교적 해결에 노력하면서도 한국은 우발계획(contingency plan), 소위 'Plan B'를 준비해야 한다. 그 기본은 바로 억제전략(deterrence strategy)이다. 이것이 병행될 때 외교적 접근의 효과도 커질 수 있다.

북한이 도발할 경우 단호하게 대응하는 것이 중요하다. 그래야 우리의 보복과 응징이 두려워 북한이 추가적으로 도발하지 못할 것이다. 다만, 지나치게 단호하게만 대응하면 물러설 곳이 없어진 상대방도 더욱 강력히 대응하게 될 수 있다. 그렇게 되면 확전이 발생하여 원래의 억제가 달성되기 어려울 수 있다. 따라서 억제에서는 "단호한 대응과 확전방지 사이의 균형을 어떻게 달성할 것인가?"가 가장 중요하다. 그것이 국가 및 지도자의 역량을 가늠하는 척도가 될 것이다.

## 억제란 어떤 개념인가?

국방부에서는 억제(抑制)라고 말하지만, 다수의 국제정치 학자들은 억지(抑止)라고 말한다. 그러나 '억지'라는 말은 핵 전략 이외에는 사용되지 않고, '억지 부린다'는 용어를 연상시키며, 일본에서 도입된 용어이다. 영어의 'deterrence'는 핵에서만 사용되는 게 아니라 범죄의 억제에서 차용된 것이다. 동일한 용어인 deterrence를 범죄에는 억제, 핵에서는 억지라고 하는 것은 타당하지 않다. 따라서 근거나 뜻이 불분명한 억지라는 용어보다는 억제라는 용어로 통일해야 한다고 본다.

억제는 기본적으로 상대방이 원하는 일을 하지 못하도록 하는 활동이다. 범죄를 계획하는 사람이 범죄를 하지 못하도록 하고, 전쟁을 일으킬 의도와 능력을 지니고 있는 국가가 그것을 하지 않도록 막는 것이다.

억제는 다음과 같은 경우에 달성된다. 첫째, 상대방이 의도하는 바가 성공할 수 없게 만드는 것이다. 둘째, 성공은 하더라도 기대되는 이익보다 더욱 큰 손실을 입게 하는 것이다. 셋째, 선불리 도발하는 것보다는 현재 상태를 유지하는 것이 이익이 된다고 이해시키는 것이다.

이것은 동물이나 인간 간에 상대방의 도전을 억제하는 경우와 동일한 논리이다. 동물들은 싸움을 걸어도 이길 수 없다고 판단하거나, 이길 가능성이 있더라도 얻을 수 있는 것보다 더욱 큰 희생을 각오해야 한다고 생각하거나, 싸우지 않는 것이 더욱 유리하다고 판단할 때 싸움을 걸지 않는다. 범죄의 경우도 마찬가지다. 범죄가 성공할 수 없거나, 성공해도 큰 형벌을 받을 거라거나, 법을 준수하는 것이 이익임을 설득하여 억제를 달성하는 것과 같다.

냉전시대에는 핵미사일을 방어할 수 있는 무기체계가 개발되지 않았기 때문에 상대방으로 하여금 성공할 수 없다는 판단을 강요할 수 없었다. 따라서 얻을 수 있는 이익보다 더 큰 손해를 보게 될 것임을 이해시키는 논리에 의해서 억제의 이론과 전략이 발전되었다. 이러한 개념하에서 1972년 미국과 소련은 대탄도탄(ABM: Anti-Ballistic Missile) 조약을 체결하여 서로가 상대방의 공격을 방어하기 위한 체계를 구축하지 않겠다고 합의하기도 하였다.

그러나 억제에는 "성공할 수 없다."는 것과 "현재 상태를 유지하는 것이 이익"이라고 하는 내용도 포함된다. 억제에서 중요한 것은 어떤 행위나 조치가 아니라 결과다. 아무리 체계적인 억제 노력을 기울여도 범죄가 발생하거나 상대가 도발을 해버리면 실패한 것이다.

염두에 두어야 할 것이 또 있다. 상대방이 도발하지 않는 것이 우리의 억제 노력이 영향을 끼친 결과인지, 상대방이 도발할 의사가 없어서인지 평가하기 어렵다는 것이다. 사람들이 범죄를 저지르지 않는 것이 범죄를 억제하기 위하여 강구해둔 다양한 대책 때문인지, 아니면 원래 품성이 선량해서인지 판단하기 어려운 것과 같다. 그래서 억제의 성과를 평가하는 것은 어려운 일이다. 그렇기 때문에 억제전략은 애매해지고 복잡해지는 경우가 많다.

## 억제에는 어떤 방법이 있나?

억제의 가장 일반적인 방법은 상대에게 의도한 목적을 달성할 수 없다고 설득하는 것이다. 이를 '거부에 의한 억제(deterrence by denial)' 또는 '거부적 억제'라고 한다. 이 방법은 공격자가 의도한 것을 막을 수 있는 철저한 방어태세를 구비하는 것이 핵심이다. 각종 방범체제를 강화하여 범죄자들이 범행을 단념하도록 하는 방법과 같다.

거부적 억제는 적이 도발하더라도 방어로 전환하면 되기 때문에 안전하면서도 확실한 방책이다. 방범대책이 범죄의 억제는 물론이고 범인의 체포에도 활용되는 것과 같다. 거부적 억제 대책은 대부분 방어적이라서 국제적으로도 정당한 것으로 인정받는다. 또한 과학적 워게임(war game) 분석으로 도발의 성공 여부를 객관적으로 판단할 수 있어서 억제 노력의 신뢰성이 클 수 있다.

다만, 상대방의 모든 도발을 방어하기 위해서는 강력하면서도 포괄적인 군사력을 건설해야 한다. 여기에 상당한 비용과 노력을 투자해야 한다. 아울러 상대방의 의도와 전략에 수동적으로 대응해야 하는 불리함도 존재한다.

억제의 두 번째 방법은 '응징(보복)을 통한 억제(deterrence by punishment)' 또는 응징적 억제라는 것이다. 이는 공격자가 목표를 달성하려면 많은 비용을 치러야 한다는 사실을 인식시켜 공격을 자제하도록 하는 것이다. 즉, 공격자가 끼치는 피해보다 그에게 더 큰 피해를 입힐 수 있는 보복력이 핵심이다. 무거운 형벌을 받을 것이라고 인식한 사람들이 범죄를 자중하는 것과 유사한 논리다.

군사적인 조치가 전부는 아니다. 그 밖에도 국제적 고립, 외교관계 단절, 무역중단, 투자 및 자산 동결, 원조 중단 등의 외교적이거나 경제적인 응징이 있을 수 있다.

응징적 억제는 현대 핵 억제전략의 핵심적인 내용으로 활용되어 왔다. 그만큼 거부적 억제가 불가능할 경우에도 가용한 방법이고, 보복력에 대한 집중적 투자만으로도 억제효과를 달성할 수 있어서 경제적이기도 하다.

이는 '최대억제(maximum deterrence)'와 '최소억제(minimal deterrence)'로 구분할 수 있는데, 전자는 말 그대로 적이 끼치는 피해보다 더욱 큰 피해를 가하겠다는 의도와 능력을 구비하는 것이다. 후자는 상대방이 소중하게 생각하는 몇 개의 표적을 공격하겠다고 위협함으로써 억제를 달성하는 것이다. 최대억제 능력이 제대로 구비되지 못했을 경우 사용한다.

다만, 응징적 억제는 적의 공격을 허용한다는 것을 전제로 상대방을 위협하는 개념이기 때문에 안전하지 못하다. 엄한 처벌이 전제되었다고 하여 범죄가 반드시 억제되는 것이 아니듯 응징의 위협만으로 억제를 보장하기는 어렵다. 이해득실의 계산과 상관없이 도발하는 상대에 대하여 응징적 억제는 효과가 없을 가능성이 크다.

억제의 세 번째 방법은 공식적으로 억제 행위로 포함되지 않는 경우가 많다. '보상적 억제'라는 것이다. 도발하지 않으면 그에 상응하는 보상이 있다고 인식시켜 자제시키는 것이다. 경제적 원조나 각종 편의를 제공하여 도발을 막는 것인데 비도덕적 '유화정책(appeasement policy)'이라는 비난을 받을 수 있다는 단점이 있다. 범죄를 자제한 사람에게 '잘했다.'고 보상하는 것이 공감대를 확보하기는 어렵다.

또한 한 차례의 보상은 더욱 큰 보상요구를 초래할 위험성이 크다. 악순환이 반복될 우려가 크다는 것이다.

## 억제는 어떻게 하면 성공할 수 있는가?

억제는 당연히 다양한 요소들의 복합적 작용에 의하여 성공 여부가 결정된다. 그 요소들은 상대방의 도발을 거부하거나 응징하겠다는 '의지(will)', 그러한 의지를 구현할 수 있는 '능력(capabilities)', 그리고 그러한 의지와 능력을 적으로 하여금 믿도록 '전달(communication)'하는 행위로 구성된다.

억제는 근본적으로 상대방의 심리에 영향을 줘야 하는 것이기 때문에 핵심 성공 요소는 의지이다. 즉 상대방의 위협 행위를 어느 정도의 강도로 거부할 것인가 또는 상대방이 하지 못하도록 어느 정도의 자기희생을 감수할 수 있는가에 관한 것이다. 이것은 위협받고 있는 가치가 클수록 강해지고, 국가지도자의 성향과 지도력에 좌우되기도 한다.

전쟁억제의 실질적 요소는 상대방의 공격을 무력화시키거나 상대가 제일 소중하게 여기는 것을 파괴할 수 있는 능력을 갖추는 것이다. 당연히 이의 핵심은 군사력이다. 따라서 모든 국가들은 충분한 양과 질의 무기·장비·물자를 구비하고자 하고 상대방의 기습공격을 방지할 수 있는 태세를 유지한다. 아울러 동원 체제를 통하여 국력을 군사력으로 전환시킨다. 여기에 경제력, 외교력 등의 다른 요소가 동원될 수 있음은 물론이다.

전쟁억제라는 결실을 위해서는 보유하고 있는 의지와 능력을 적에게 효과적으로 전달해야 한다. 공개적 성명, 외교통로를 통한 발표와 협의, 밀사를 통한 비공개적 통보 등을 통하여 상대방에게 전달할 수도 있다. 하지만 역사적으로 단호하게 대응했던 사례가 신뢰성이 높다. 대규모 화력시범을 보인다든가, 대규모 연합훈련을 시행한다든가, 위력이 큰 첨단의 무기를 소개한다든가, 거부나 응징에 필요한 군사력을 실제로 이동시킴으로써 억제에 필요한 능력을 과시할 수도 있다. 다만 능력을 공개하는 것은 상대에서 정보를 제공하여 대비하도록 한다는 점에서 신중할 필요가 있다.

그래서 '모호성'이 핵억제를 위한 신뢰성 측면에서 중점적으로 사용된다. 상대방이 "저들이 어떤 의지와 능력을 갖고 있고, 어떤 행동을 할지" 확신하지 못하게 하는 것이다. 그러면 상대방은 모든 대안을 고려하게 되고 결과적으로 어떤 결정을 내리지 못하게 된다. 미국의 경우 핵무기에 관해서는 '시인도 부인도 하지 않는(NCND: Neither Confirm Nor Deny)' 정책을 가장 중요한 국가정책으로 설정하여 준수하고 있다.

## 응징적 억제는 구체적으로 어떻게 한다는 것인가?

얼마 전까지도 핵미사일을 방어할 수 있는 기술은 없었다. 그래서 핵억제전략의 대부분은 응징적 억제가 주류를 이루었다. 즉, 상대방이 핵무기를 사용할 경우 감당할 수 없는 피해를 가할 것이라고 위협하는 것이다.

핵억제 측면에서 응징적 억제의 과정은 다음과 같다. 우선 상대방이 대규모 핵미사일로 먼저 공격(제1격, the first strike)해 오면 이를 요격할 능력을 구비하지 못한 상태라서 심각한 피해를 입을 수밖에 없다. 대신 그 제1격에 당해도 건재할 만큼 충분한 핵무기로 적에게 반격(제2격, the second strike)한다. 이러한 반격으로 상대 국가를 초토화시키겠다고 위협하는 것이다.

이에 근거하여 냉전시대 미국과 소련은 상대방이 공격해도 살아남아 보복할 수 있는 대륙간탄도탄, 전략폭격기, 전략잠수함(당시 미국은 이것을 '삼각축[Triad]'으로 명명하였다)을 집중적으로 증강하였다. 이러한 전략 개념을 상호확증 파괴전략(MAD: Mutual Assured Destruction)이라고 명명하였다.

다만, 세계 5대 공식적 핵보유국 중에서 영국과 프랑스는 대규모 핵전력을 보유하지 못한 상태이다. 따라서 최소억제전략을 선택해야 했다. 핵 공격을 받을 경우 상대방이 가장 소중하게 생각하는 결정적인 한두 개의 표적이라도 철저하게 파괴할 수 있다고 과시하는 것이다. 그렇게 상대방의 공격을 억제한다는 개념을 채택했다. 이러한 전략 개념 때문에 영국과 프랑스가 적의 1격으로부터도 살아남을 가능성이 높은 잠수함 발사 핵미사일을 중점적으로 보유하고 있는 것이다. 미국, 러시아, 중국이 지상, 공중, 수중의 모든 핵무기를 골고루 보유하고 있는 것에 대비된다.

## 거부적 억제는 구체적으로 어떻게 한다는 것인가?

응징적 억제는 대안이 없어서 채택한 것이기는 하지만, 'MAD=mad'라는 명칭에서 알 수 있듯 끝없는 핵 군비경쟁을 유발한다는 결정적인 단점이 있었다. 서로가 상대의 1격으로부터 생존하여 반격(또는 2격)할 수 있는 충분한 핵무기를 구비해야 했기 때문이다. 결국 상대방이 증강하는 것보다 더 높은 수준으로 핵전력을 증강해야 하는 악순환이 불가피했다. 또한 미국같이 잃을 것이 많은 국가의 입장에서는 상대방이 공멸을 각오하면서 공격할 경우 대책이 없다는 점은 받아들이기 어려운 일이다. 상대방이 자포자기나 분노 상태에서 핵전쟁을 일으키거나, 혹은 실수에 의하여 핵전쟁이 발발할 경우 속수무책이기 때문이었다.

그래서 1983년 미국의 레이건(Ronald W. Reagan) 대통령은 전략적 방어구상(SDI: Strategic Defense Initiative)이라는 슬로건을 내놓는다. 공격해오는 상대방의 핵미사일을 요격(邀擊, interception)하여 미국에 대한 소련의 전략핵무기 공격을 방어한다는 개념이었다. 이는 거부적 억제의 개념으로서, 상대방이 결국 성공하지 못할 것이라고 판단하도록 강요하여 상대방의 공격을 억제한다는 내용이었다.

탄도미사일 요격기술을 확보하지 못하여 레이건 대통령이 제시한 핵무기에 대한 거부적 억제는 한동안 지체되었다. 그러다 20년 정도가 지나 부시(George W. Bush, 아들) 대통령 시대에 구현되었다. 미국은 2004년부터 적 탄도미사일을 직격파괴(直擊破壞, hit-to-kill: 미사일의 몸체를 직접 타격하여 파괴시키는 방법)할 수 있는 요격미사일을 실전배치하기 시작했다. 그리고 지금은 상당할 정도로 그 수와 질을 향상시킨 상태이다. 이러한 탄도미사일 방어는 이스라엘, 일본 등의 우방국들에게도 확산되고 있다. 여기에 관심을 갖는 국가들이 늘어나고 있고 러시아와 중국도 나름대로의 탄도미사일 방어체제를 구축하고 있는 것으로 추정되고 있다.

이제 세계는 핵무기에 있어 응징적 억제와 거부적 억제를 동시에 적용해가고 있는 상황이다.

## 한국의 억제전략과 태세는 어떠한가?

한국 나름의 핵억제전략으로 공식적으로 논의된 것은 '능동적 억제전략'이었다. 지난 2010년 '국가안보총괄점검회의'에서 제시한 이것은 "북한이 핵이나 미사일 등 대량살상무기와 비대칭전력으로 도발하려 할 때 북한 지휘체계와 주요 공격수단을 미리 타격하거나 제거하는 능력과 의지"를 갖추는 것으로 설명되었다. 그러나 이것이 바로 국방부의 공식적 핵억제전략으로 채택된 것은 아니다. 2011년 3월 8일 국방부는 '국방개혁 307계획'을 발표하면서 '적극적 억제능력 확보'를 강조하는 데 그쳤다. 그러다가 2014년 3월 박근혜 정부가 '국방개혁 기본계획 14-30'을 발표하면서 능동적 억제전략이 공식적 핵억제전략으로 발표되었다. 선제타격을 강조하는 개념으로 이해할 수 있다.

북한의 핵무기에 대한 한국 자체의 응징적 억제태세는 충분하지 못한 수준이다. 한국은 북한지역을 공격할 수 있는 무기로 야포 5,200문, 다련장포 200문, 지대지미사일 30문, 전투함 120척, 잠수함 10척, 전투기 460대 등을 보유하고 있다. 이들의 질도 나쁘지 않다.

그러나 일거에 한국을 황폐화시킬 수 있는 핵무기에 비하여 비핵무기는 부분적인 피해를 끼칠 수밖에 없다. 따라서 억제효과도 제한될 것이다. 더욱이 지금까지의 북한 도발에 한국이 적극적으로 응징보복하지 않았다는 것도 걸림돌이다. 한국의 응징보복 의지가 높은 것으로 북한이 믿는다고 판단하기는 어렵다.

현실이 이러하기 때문에 한국이 의존해 온 개념은 '핵우산(nuclear umbrella)' 및 '확장억제(extended deterrence)'였다. 북한이 핵무기로 공격할 경우 한국은 미국의 핵 및 재래식 무기를 통하여 응징보복할 것이라고 북한에게 알려서 북한의 핵무기 사용을 억제하는 것이다. 한국에 대한 핵 공격을 미국에 대한 그것이나 마찬가지로 간주하여 보복한다는 개념이다. 핵우산과 확장억제는 둘 다 동일한 개념이지만 약간의 차이는 있다. 핵우산은 핵에 의한 보복을 강조하는 반면, 확장억제는 핵과 재래식 보복을 포함함으로써 핵에 의한 보복이 희석된 점이 있다.

북한의 핵무기에 대한 한국의 거부적 억제태세는 상당히 미흡한 수준이다. 세계 대부분의 국가와 마찬가지로 한국 역시 탄도미사일을 공중에서 요격할 수 있는 능력을 아직 구비하고 있지 못하다. 북한의 탄도미사일에 대한 최소한의 탐지와 추적 능력을 구비하기 위해 2013년부터 이스라엘에서 구입한 레이더가 배치되긴 했다. 그러나 요격무기로는 직격파괴 능력이 없는 PAC-2 미사일을 보유하고 있을 뿐이다. 주한미군은 직격파괴가 가능한 PAC-3 미사일을 보유하고 있지만, 고도 10~15km, 사거리 15~45km에 불과하여 자신들의 기지 외에는 방호력을 제공하기 어렵다. 특히 한국은 북한과 국경을 맞댄 상태라서 대응시간이 극히 제한될 수밖에 없다. 따라서 전체적으로 한국은 공격해오는 북한의 핵미사일을 방어하기 어려운 환경이다.

## 한국은 어떠한 억제전략과 태세를 구비해야 한다는 것인가?

북한의 핵미사일 사용에 대한 억제는 확실해야 하기 때문에 한두 가지 요소에만 의존할 것이 아니다. 가용한 모든 방안들을 최대한 동원하여야 한다. 거부적 억제가 미흡한 한국의 입장에서는 미국 핵무기의 응징력을 활용하되, 스스로의 역량 범위 내에서 최소억제 방안도 모색해야 한다. 동시에 억제가 실패할 경우에 대비한 조치(예를 들어 북한의 핵무기 사용이 임박하면 선제타격으로 사전에 무력화하는 방안)도 강구할 필요가 있다.

한국의 핵억제전략에서 핵심이 될 수밖에 없는 사항은 한미연합억제이다. 핵무기를 보유하지 못한 상태인 한국 단독으로 북한의 핵 공격을 응징보복할 수 없기 때문이다. 미국은 세계에서 가장 강력한 핵 공격력을 보유하고 있고, 만약의 경우 한국을 대신하여 응징보복하겠다고 약속한 상태이다. 더욱이 주한미군이 한반도에 주둔하고 있어서 연합 핵억제의 실효성도 적지 않다. 이것이 바로 핵우산(Nuclear umbrella)의 개념이다. 우방국들이 핵무장을 하지 않는 조건으로 만약의 사태에 미국이 대신 보복해 준다는 것이다.

다만, 실제로 북한이 한국을 핵무기로 공격할 경우 미국이 약속대로 보복할 것인지는 불확실하다고 인정하지 않을 수 없다. 핵전쟁을 결심하는 일은 너무나 중대한 사항이어서 미국도 당시의 국제정세나 국내여론을 살펴서 신중하게 결정할 수밖에 없다.

결국 한국은 장기적이면서 안정적인 방책으로 거부적 억제 전력을 확충해 나가야 한다. 이의 핵심은 탄도미사일 방어망을 구축하는 것인데 상당한 비용과 고도의 기술이 소요되고, 짧은 거리로 인하여 방어효과가 의문시되기는 한다. 그러나 민족의 명운을 좌우할 수도 있는 핵전쟁의 위협을 억제하는 데 필수적인 요소를 포기할 수는 없다.

한국의 상황과 여건에 부합하는 탄도미사일 방어망을 구축해 나가는 동시에 우방국과의 협력을 통하여 비용과 시간을 절약하고자 노력해야 한다. 그리고 추진성과를 평가하여 그 범위와 수준을 점진적으로 향상시켜 나가야 한다.

한국의 응징보복 위협에도 불구하고 북한이 핵무기를 사용한다는 명백한 징후가 있다면 선제타격할 수밖에 없다. 비록 핵전쟁으로 확산될 위험이 없는 것은 아니지만, 아무런 조치 없이 핵미사일 공격을 허용할 수는 없다.

북한의 핵 공격이 명백한 상황에서 실시하는 선제타격은 자위권 차원에서 불가피한 방어행위이다. 비록 북한의 이동식 탄도미사일 발사대를 제때 파악하는 것이 쉽지는 않지만, 북한의 탄도미사일 대부분이 액체연료를 사용한다는 점에 주목해야 한다. 즉, 연료 주입을 위한 시간이 필요하다는 것이며, 여기서 우리는 선제타격을 위한 시간과 표적을 확보할 수 있다. 다만 선제타격을 결행해야만 하는 조건, 계획, 북한 반발에 대한 재(再)대응 방책 등을 사전에 충분히 검토해 두어야 할 것이다.

## 확장억제와 핵우산은 어떻게 다른가?

한국은 1970년대부터 미국이 '핵우산'으로 보호한다고 강조하였고, 이 용어는 매년 개최되는 한·미 양국 국방장관 간 연례안보협의회의(SCM: Security Consultative Meeting)의 결과를 발표하는 공동성명에서 빠짐없이 등장하였다. 즉 한국에 대하여 어떤 국가가 핵무기로 공격할 경우 미국이 한국을 대신하여 보복공격을 해준다는 약속이었고, 이 말로 한국 국민들을 안심시켰다.

그러다가 2006년 10월 9일 북한이 제1차 핵실험을 실시하자 '확장억제(extended deterence)'라는 용어가 등장하기 시작했다. 그리고 2009년 6월 미국의 오바마 대통령이 서울을 방문하여 이명박 대통령과 가진 정상회담 후 발표한 '한미동맹 공동비전'에서 이 말이 크게 부각되었다. 확장억제는 미국에 대한 억제의 개념을 우방국에게까지 확장하여 적용한다는 개념으로 핵 및 비핵의 모든 수단을 포함하는 포괄적인 용어이다.

확장억제는 한국과 미국 간의 관계에서 새로 창안된 것이 아니라 제2차 세계대전 이후의 동맹관계에 관하여 사용된 오래된 용어이다. 핵우산은 핵에 관한 확장억제라서 논리적으로는 확장억제나 핵우산이나 동일한 개념이다.

다만 핵우산이라는 용어를 사용하다가 확장억제로 바꿨다는 점에서 미국은 핵무기 사용을 가급적 자제하려는 의도를 가진 것 같다. 다시 말하면, 북한이 핵무기로 한국을 공격할 경우 미국은 우선은 비핵무기를 사용하여 핵사용과 동일한 효과를 달성하고자 할 것이라는 점이다. 그렇게 되면 북한은 덜 두려워할 것이고, 결국 확장억제는 북한 핵 공격의 상황에 대한 한미 연합의 억제력을 약화시키는 측면이 있다.

최근에는 '맞춤형(tailored) 억제'라는 말도 자주 사용하는데, 이 또한 특정한 내용이 있는 것이 아니라 대상이 되는 국가의 상황과 여건에 맞는 방법과 수단을 사용하겠다는 일반적 차원의 말이다. 한국에 대한 '맞춤형 억제'는 미국이 한국의 상황과 여건에 부합되는 억제의 형태이고, 따라서 한국의 입장에서 이 용어를 사용하는 것은 적절하지 않다.

## 한국 핵억제전략 개념의 예를 제시한다면?

핵억제전략과 같은 중요한 내용에 대해서는 국민적 공감대 형성이 중요하다. 그렇기 때문에 함축적인 명칭을 잘 정하고 명확하게 방향을 잡는 것이 중요하다. 아기에게 이름을 잘 지어주려고 하는 것처럼 명칭을 잘 짓는 것은 중요하다.

소련이 1949년 원자폭탄에 이어 1953년 수소폭탄을 개발하자 미국의 아이젠하워 대통령은 국가의 안보전략을 핵억제전략으로 전환하면서 '대량보복전략(Massive Retaliation Strategy)'을 발표했다. 그 후 대통령이 교체될 때마다 조금씩 내용을 발전시키면서 그 명칭도 변화시켰다. 케네디 대통령 시절에는 '유연반응전략(Flexible Response Strategy)'이란 명칭이 사용됐다. 상황별로 적절한 수준으로 대응한다는 개념이다. 닉슨 대통령 시절에는 '현실적 억제전략(Realistic Deterrence Strategy)'이라는 이름으로 동맹국들과의 분담을 통한 억제를 추구하였다. 카터 대통령 시절에는 '상쇄전략(Countervailing Strategy)'을 통하여 보복력과 민간방위 등의 방어조치를 동시에 강화했다. 핵전쟁에 대한 억제력을 실질적으로 강화하고자 한 시도였다. 레이건 대통령부터는 거부적 억제를 추가하는 개념으로 발전하여 '전략적 방위구상(SDI: Strategic Defense Initiative)'이라는 용어를 사용하였고, 부시(아버지) 대통령은 '제한공격에 대한 지구방어(GPALS: Global Protection Against Limited Strikes)'로 개념을 수정하면서 '국가미사일방어(NMD: National Missile Defense)'와 '전구(戰區)미사일방어(TMD: Theater Missile Defense)'라는 용어를 만들었다.

한국의 핵억제전략으로 '정밀억제전략'이라는 용어를 제안하고자 한다. 이는 한국의 미흡한 여건을 정교하면서도 정밀한 노력으로 극복해야 한다는 내용을 암시하는 것이다. 특히 '정밀'은 앞의 기본방향에서 제시한 핵심적인 내용, 즉 북한이 핵무기로 공격할 경우 북한 지도부들을 '정밀공격'하여 보복하겠다는 개념, 핵무기 발사에 대한 명백한 징후가 발견되었을 경우 공군이나 미사일에 의한 '정밀타격'으로 이를 파괴하겠다는 개념, 그리고 북한이 핵미사일을 발사했을 경우 요격미사일로 이를 정확하게 '직격파괴'하겠다는 내용을 포괄한다는 장점이 있다. 이 전략은 한국이 보유하고 있는 현재의 능력으로 어느 정도 구현할 수 있지만, 앞으로 정밀타격력을 집중적으로 보강해야 한다는 과제도 제시한다.

특히 '정밀억제전략'에서는 북한이 핵무기로 공격할 경우 정밀공격으로 북한지도부를 사살(de-capitation)하겠다고 위협하는 측면을 중요시해야 한다. 이것은 한국의 능력으로 수행할 수 있고, 실제로 효과가 있을 수 있다. 자신의 안위가 위협받는 것이 확실할 경우 김정은과 같은 북한 지도자가 핵무기 사용을 결심하기는 어려울 것이다. 2003년 이라크전쟁에서 미국은 사담 후세인(Saddam Hussein)을 사살하기 위해 집중적으로 노력하여 바로 전세를 유리하게 만들수 있었다.

# 4장

# 선제타격

지금 당장 북한이 핵미사일로 공격하겠다고 위협할 경우 현실적인 유일한 방책은 북한의 핵미사일을 선제타격하여 파괴시키는 것이다. 따라서 북한이 제3차 핵실험을 실시하기 직전 당시 정승조 합참의장은 "적이 핵무기를 사용한다는 명백한 징후가 있다면 자위권 차원에서 선제타격하겠다."고 언급한 바 있다. 어차피 북한이 핵무기로 공격하면 반격해야 할 것인데 "그것(핵무기)을 먼저 얻어맞고 하는 것보다는 선제타격을 하고 (전쟁을) 하는 게 낫다."는 설명이었다. 국방부에서는 '킬 체인(Kill Chain)'이라는 개념으로 이의 구현에 노력하고 있다.

그러나 한국 사회에서는 선제타격을 '선공(先攻)'으로 오해하고 있다. 그래서 이에 대한 부정적 인식이 존재하고, 논의도 활발하지 않다. 선제타격하면 북한이 반발하여 한반도가 핵전장으로 변모할 것을 우려하기 때문이다. 그러나 외국에서는 'preemptive strike'를 '선공'에 해당되는 'preventive strike'와 구분하고 있다. 북한이 핵미사일로 공격할 것이 명확할 경우 그것을 사전에 파괴하는 것은 정당방위로 봐야 한다.

# 선제란 어떤 개념인가?

선제(先制)의 사전적 의미는 '손을 써서 상대방을 먼저 제압'하는 것이다. 그래서 통상적으로 국민들은 적보다 먼저 공격한다는 의미로 알고 있다. 6.25전쟁도 북한의 '선제공격'으로 시작되었다고 말한다. 기습공격이나 미리 공격하는 '선공'의 의미로 사용하는 것이다. 최근 북한의 '핵 선제타격' 위협에서 보듯 북한도 이와 유사한 의미로 사용하는 것 같다.

또한 '선제(preemptive)'와 관련해서 다양한 합성어가 사용되고 있다. 가장 일반적인 용어는 '선제공격(preemptive attack)'이다. 이는 대규모 전쟁에서부터 전술적 행위에 이르기까지 폭넓게 적용되는 일반적인 용어이다. 하지만 민주주의 국가는 '공격'이라는 말에 거부감을 갖고 있어 잘 사용하지 않는다. 9.11 이후 미국의 경우처럼, 최근에는 '선제조치(preemptive action)'라는 용어가 가끔 사용된다. 공격적 이미지를 감추면서 개념의 범위를 넓히기 위한 용어이다. 타격의 형태에만 치중하여 '외과수술적 타격(surgical strike)'이라는 용어를 사용하기도 한다.

영어의 'preemption'을 번역한 '선제'는 상대의 공격적 행위가 임박한 상태에서 먼저 행동하여 그것을 못하도록 한다는 불가피성이 전제되어 있다. 미군은 선제공격(preemptive attack)을 "적의 공격이 임박하였다는 논란의 여지가 없는 증거에 기초하여 시작하는 공격(An attack initiated on the basis of incontrovertible evidence that an enemy attack is imminent)"으로 정의하고 있다.

대부분의 국민들이 일반적으로 이해하는 선제의 의미는 예방적(preventive) 조치에 해당된다. 예방적 조치는 상대방의 공격이 임박하지 않은 상황에서 취하는 행동이라 불가피성이 약하다. 예방은 혹시나 있을 수 있는 상대의 행위나 의도를 막기 위해 무심코 지나쳐버릴 수 있는 기회를 활용하는 것이기 때문이다. 그래서 '선제공격'은 자위를 위한 무력행위로 어느 정도 '정당방위'가 인정되는 반면, '예방전쟁'은 '과잉방어'로 부당한 군사행동이라고 인식된다.

개념적으로는 구분이 가능하다고 하더라도 현실에서 어떤 것이 선제이고, 어떤 것이 예방이라는 것을 구분하는 것이 간단한 것은 아니다. 공격의 임박성이나 징후의 명확성 모두 주관적으로 판단하는 것이기 때문이다. 어떤 국가의 조치가 선제거나 예방이라고 결정해줄 수 있는 권위를 지니고 있는 기구는 세계 어디에도 없다.

## 선제타격은 국제법적으로 허용되는가?

선제적인 타격 또는 공격의 적법성은 현재 국제법에서 논란의 소지가 큰 문제이다. 이와 관련된 개념은 '예상 자위(Anticipatory Self-defense, 한국에서는 일반적으로 이를 '예방적 자위'로 번역하여 사용하고 있지만, '선제'와 비교되는 중요한 개념인 '예방'과 혼동될 수 있다)'이다.

자위권(right of self-defense)이란 "외국으로부터 급박 또는 현존하는 위법한 무력공격이 발생한 경우 공격을 받은 국가가 이를 배제하고 국가와 국민을 방어하기 위하여 부득이 필요한 한도 내에서 무력을 행사할 수 있는 권리"이다. 그런데 적에게 치명적인 공격을 받아 국가가 파멸해 버리면 자위권을 행사할 수가 없다. 그래서 적의 공격이 예상될 경우에도 자위권을 행사할 수 있어야 한다.

2001년 9.11테러 이후 미국은 그들의 『국가안보전략서』에서 "국가안보 위협에 대한 선제조치(preemptive actions)" 방안을 보유하고 있다는 점을 공식화한 바 있다.

남용의 여지가 크기 때문에 예상 자위권이 국제적으로 인정된 것은 아니지만, 무기체계가 고도화되면서 이에 대한 공감대가 커지고 있다. 2004년 유엔 사무총장실의 보고서에도 "위협되는 공격이 '임박'하고, 다른 수단으로 그것을 완화시킬 수 없으며, 행동이 비례적일 경우" 예상 자위권이 검토될 수 있음을 제시한 바 있다. 다수의 국제법학자들도 "어떤 공격이 임박(imminent)한다는 것이 만장일치가 아니더라도 광범위하게(widely) 수용될 경우 그 위협을 회피하고자 행동할 권리를 국가가 보유하고 있다."는 의견을 발표했다.

북한이 핵무기를 개발함에 따라 국내에서도 예상 자위권에 근거한 선제공격의 불가피성이 커지고 있다. 핵 공격이 확실하게 예상된다면 이를 사전에 막는 것이 절대적으로 필요하기 때문이다. 결국 선제공격의 여부는 특정 국가가 그 당시의 상황과 여건에 맞춰서 판단 및 결심할 수밖에 없는 사항이다. 그 이후의 국제적 비난이나 논란도 스스로 감당할 몫이라고 하겠다.

## 선제타격(공격)을 시행한 사례가 있는가?

선제공격과 관련해서 이스라엘과 아랍국가들 간의 사례가 빈번하게 언급된다. 전형적인 사례는 1967년의 제3차 중동전쟁, 또는 '6일 전쟁'이다. 이집트가 시나이 반도 주둔 병력을 10만 명으로 증강하고, 시리아 군과 요르단 군도 준비태세를 갖추었다. 알제리는 총동원령을 선포하였고, 리비아와 수단도 전시태세로 전환하였다. 이에 사우

디아라비아, 튀니지, 쿠웨이트 등도 동참하기 시작하였으며 이스라엘에 우호적이었던 요르단마저 5월 30일 이집트와 상호방위조약을 체결하였다.

6월 2일 아랍연합군사령관이 전투명령을 하달하여 부대들이 이동을 개시했다. 이에 이스라엘은 거국내각을 구성하여 다얀(Moshe Dayan) 장군을 국방상으로 임명하였다. 다얀은 군사적으로 더 불리해지기 전에 선제조치를 취할 것을 건의하여 승인을 받았다. 이스라엘 군은 6월 5일 아침 7시 45분 이집트, 시리아, 요르단 비행장에 주둔 중인 항공기들에 대한 기습공격을 필두로 공격을 실시하였다. 선제의 효과에 힘입어 이스라엘은 6일 만에 전쟁에서 승리했다. 이후 정전에 합의하면서 영토를 크게 확대시켰다. 아랍 국가들의 공격이 어느 정도 임박했었는지에 대해서는 시각에 따라 다르다. 하지만 이스라엘의 논리와 입장도 국제사회에서 어느 정도 인정되었다. 이로 인하여 이스라엘에 대한 제재결의안은 유엔에서 채택되지 않았다.

이스라엘은 예방적 차원에서 두 번의 결정적인 공격을 감행하였다. 이스라엘은 이라크가 원자력 발전소를 완성하면 결국은 핵폭탄을 제조할 것이라는 판단하에 1981년 6월 7일 건설의 초기단계에 불과하였던 이라크의 오시라크(Osirak) 발전소를 공격하였다. 같은 논리로 2007년 9월 시리아가 건설 중이었던 원자로 시설도 공군기로 파괴하였다.

그 후 국제사회에서는 이스라엘 행위의 타당성을 둘러싸고 논란이 벌어졌다. 선제조치가 불가피했을 정도로 위기가 임박하지 않았다는 주장도 많았다. 그러나 예상 자위권 자체를 거부하지는 않았고, 제재에도 이르지 않았다.

미국도 선제 또는 예방 차원의 군사적 조치를 취한 사례가 있다. 1962년 10월 쿠바사태 때 일이다. 미국은 소련이 쿠바에 미사일을 설치하면 나중에 큰 위협이 될 것이라고 판단하여 그 부품의 수송 자체를 거부하는 해상봉쇄(quarantine) 명령을 내린 바 있다. 또한 미국은 리비아가 테러를 자행할 것이 확실하다는 정보를 입수하고 1968년 4월 14일 리비아 대통령의 집무실을 폭격하였다. 2003년 이라크에 대한 공격도 이라크의 핵사용을 사전에 차단하기 위한 명분으로 시작되었다. 이 경우 이라크의 핵개발 증거를 찾지 못해서 미국은 국제적으로 비난을 받은 바 있다. 그러나 미국이 국제적으로 제재를 받은 것은 없다.

만일 북한정권이 핵무기를 실전배치하고, 그 사용을 알리는 객관적인 정보를 입수한 상황이라면 선제타격을 할 수밖에 없다. 핵무기에 대한 방어수단이 없는 한국이라서 이를 부당하다고 말하기는 어렵다. 이스라엘이나 미국과 같이 선제 또는 예방의 조치를 적극적으로 취할 경우 상대의 위협을 억제하는 효과도 거둘 수 있다.

## 선제타격을 감행하려면 어떤 능력을 구비해야 하는가?

'적의 도발이 임박'했다거나 또는 '적의 도발 직전'에라는 용어에서 보듯 선제타격을 하기 위해서는 적의 행동을 사전에 파악하여야 한다. 그것이 임박했다거나 공격 직전이라는 것을 확인하고 판단할 수 있어야 한다. 그러한 정보가 확보되지 않으면 적의 행동을 판단할 수도 없고, 실제 선제공격을 결정하기도 어렵기 때문이다. 선제공격을 하기 위해서는 고도의 정보수집능력이 있어야 한다.

또한 적의 능력을 단번에 무력화시킬 수 있는 군사력을 구비해야 한다. 선제공격의 수단에는 크루즈 미사일, 폭격기 등 첨단무기와 특수부대, 정보작전부대 등을 들 수 있다. 이러한 수단들이 치명성과 파괴력, 정확성을 갖고 있기 때문이다.

적의 보복을 방지하고 저지할 수 있는 강력한 추가 저지수단을 가지고 있어야 한다. 선제타격을 할 경우 표적은 핵무기, 핵 저장고, 핵

투발수단, 핵 장착 이동미사일, 핵 지휘통제시스템, 적 미사일 기지, 주요 군 지휘통제시스템, 휴전선에 배치된 적의 장거리 포 및 비행장 등이 될 것이다.

한국이 보유하고 있는 F-15 전투기는 마하 2.5의 속도를 자랑하고 1,800km 이상의 전투반경을 보유하고 있다. 여기에 다양한 정밀유도무기도 장착하고 있어 북한지역의 방공망을 피해 북한의 핵시설을 파괴할 수 있다. 또한 한국군이 보유하고 있는 순항미사일(cruise missile)은 고도의 정밀도를 확보한 상태라 북한의 핵무기 시설을 정확하게 타격할 수 있다.

그러나 근본적으로 선제타격의 성공을 위해서는 정확한 정보와 압도적인 전력의 투입이 필요하다. 때문에 현재의 한국 전력으로는 한계가 있어서 미군의 지원을 받을 필요가 있다. 한국은 독자적인 선제타격도 불사하겠다는 자세를 가져야 하지만, 미군과 협의하여 함께 시행하는 것이 효과적이다.

## 킬 체인(Kill Chain)이란 어떤 개념인가?

킬 체인은 새로운 용어나 작전 개념이 아니다. 공식적인 군사용어도 아니다. 공군들이 일상적으로 사용하는 은어적인 표현일 뿐이다. 어떤 표적을 발견하여 타격하는 모든 과정을 말한다. 일반적으로는 '킬 체인의 완성'이나 '킬 체인의 단축'이라는 말을 쓴다. 이는 표적을 파괴하는 데 필요한 탐지를 잘 해야 한다거나, 피해평가 등의 선행 및 후행 조치가 완비되어야 한다거나, 그것을 가능한 한 짧은 시간에 완료하겠다는 노력을 강조하기 위하여 사용하는 용어이다.

킬 체인은 1991년 걸프전 이래 자주 사용되고 있다. 그 당시 미 공군 입장에선 이라크의 이동식 미사일 발사대를 찾아서 파괴하는 것이 매우 중요하였다. 효과적 파괴를 위해서는 선행 및 후행의 과정이 철저해야 한다는 인식이 확산되었다. 그래서 그 과정의 전체 소요시간을 단축하는 것이 중요하다고 강조하게 되었다. 표적을 발견하면 적이 다른 지역으로 이동하기 전에 공격을 해야 성공할 수 있기 때문이다.

킬 체인의 단계는 국가마다 다른데, 현재 미국은 'F2T2EA'라는 말을 쓴다. 탐지(Find)-식별(Fix)-추적(Tracking)-무기선정(Target)-교전(Engage)-평가(Assess)라는 말이다. 미군은 이를 35분 내에 완수할 수 있도록 노력하고 있다. 6개로 하든 4개로 하든 5개로 하든 그게 중요한 건 아니다. 표적을 신속하고 정확하게 파괴하기 위하여 모든 기능을 유기적으로 연결시키는 것이 중요하다.

한국의 경우 킬 체인이라는 용어는 북한의 제3차 핵실험 후 제시되었다. 북한의 핵시설 및 핵미사일 발사대를 타격하는 개념이다. 이 과정에서 이 용어가 새로운 군사교리인 양 인식된 점이 있고, 과장되게 이해되기도 하였다. 한국군은 당시 탐지(Find)-식별(Fix)-결심(Target)-타격(Engage)의 4단계로 소개하였고, 이를 30분 내에 완성하겠다고 강조하였다.

킬 체인이라는 용어보다는 한국식의 새로운 용어를 사용해 과장과 오해를 제거할 필요가 있다. 또한 킬 체인 완성에 필요한 단계별 기능을 수행할 수 있는 능력을 구비하고, 실제로 필요한 시간 내로 단축하기 위하여 지속적으로 노력하는 것이 중요하다.

## 선제타격을 위하여 군대는 어떻게 준비해야 하는가?

선제타격이 성공하려면 "북한이 어느 정도 양의 플루토늄을 확보하여, 몇 개의 핵무기를 개발하였을 것"이란 정도의 정보로는 부족하다. 선제타격을 구현하는 데 필요한 구체적이고 행동 가능한(actionable) 정보, 즉 북한이 몇 개의 핵무기를 개발하여 어떤 형태로 어디에 배치 또는 보관하고 있는지를 정확히 알아야 한다. 따라서 한국은 가용한 국가 및 군 정보자산들을 최대한 활용하면서 국제적인 정보협력도 전개하고, 새로운 정보역량을 확충하여야 한다. 북한의 핵무기에 대해서는 세계 어느 국가보다 한국이 가장 정확한 정보를 확보하고 있어야 한다. 그래야 주도적인 조치가 가능하다.

이를 위해서는 북한지역에 대한 과감한 인적정보(Humint) 자산의 운영이 필수적이다. 핵무기와 같은 극비의 정보를 영상이나 신호 정보만으로 획득하는 것은 한계가 있기 때문이다. 2012년 12월 12일 북한이 장거리 미사일 시험발사를 할 때 북한이 천막으로만 가렸는데도 한국과 미국은 그 속에 미사일이 있는지 없는지를 파악하지 못한 바 있다. 그러다 북한의 기습적인 미사일 발사에 놀라고 말았듯이, 기술정보는 취약점이 있다. 한국은 북핵이 국가의 존망을 좌우할 중대한 사항이라는 점을 인식해야 한다. 그리고 북한의 핵무기 및 미사일의 위치, 수량, 변동사항에 관한 종합적인 데이터베이스를 구축하고, 한 가지 한 가지씩 파악하여 채워 나가야 한다. 하나의 핵무기, 한 기의 미사일도 놓치지 않도록 철저한 정보력을 구비해야 하고, 이것이 정부의 최우선 과제가 되어야 한다.

특히 한국군은 실제적으로 선제타격을 감행하라는 지시가 하달될 경우에 대비해 체계적이고 현실적인 계획을 작성해 둬야 한다. 그리고 충분히 훈련도 해야 한다. 지금 당장 국가수뇌부에서 명령이 내려오면 북한의 방공망을 어떻게 회피하고, 공격대형을 어떻게 편성하며, 표적을 어떻게 할당하고, 타격 후 어떻게 귀환할 것인가에 대해 구체적으로 계획하고 연습하여 현실성 측면에서 계속적으로 보완하여 성공 가능성을 강화해야 한다. 이러한 계획의 수립과 연습이 전쟁기획에서 가장 중요한 주제로 논의되어야 한다.

한국은 선제타격의 성공에 필요한 방향으로 전력증강의 방향을 조정할 필요도 있다. F-15로도 가능할 수 있지만, 성공 확률을 높이고자 한다면 미군의 F-22나 F-35와 같은 스텔스기의 확보를 고려할 필요가 있다. 나아가 스텔스 무인공격기도 개발할 필요가 있다. 북한에 대한 표적 정보를 획득하기 위한 다양한 무인 및 유인의 정찰기, 인공위성, 그리고 레이더도 필요할 것이다.

정확도가 높은 순항미사일도 동원될 수 있지만 표적 정보가 불확실할 경우 성공의 가능성이 떨어진다는 단점이 있다. 한국이 보유하고 있는 탄도미사일의 경우에는 사거리가 짧을 뿐만 아니라 정확도도 낮아 상당한 시간과 투자를 기울여야 신뢰성을 갖출 수 있다. 따라서 선제타격 측면에서 어떤 전력을 우선적으로 증강할 것인가를 활발하게 토론하고, 현실성이 있는 최선의 대안을 선택해야 한다.

한국군은 선제타격에 대한 북한의 반발을 예상하고 철저한 대비책을 강구해야 한다. 실제로 1994년 페리(William J. Perry) 미 국방장관도 북한과의 전면전을 우려해 북한에 대한 정밀타격을 대통령에게 건의하지 않았다고 한다. 한국이 북한의 핵시설을 타격할 경우 북한은 잔존한 핵무기로 한국을 공격할 수 있다. 모든 핵무기가 파괴되었다 하더라도 갱도포병 및 장사정포로 전방지역의 표적은 물론 수도권까지 공격할 수 있다. 보유하고 있는 1,000발 정도의 다양한 탄도미사일로 한국의 도시들을 공격할 수 있다. 이 경우 화포와 탄도미사일에 화생무기를 탑재하여 공격할 수도 있다. 선제타격을 실시할 경우에는 이러한 위험까지도 충분히 고려하여야 한다. 적의 반발을 조기에 무력화시킬 수 있는 방안까지 강구해야 한다.

결국 선제타격의 성공을 위해 한국은 국방 전반을 선진화하고 개혁해야 한다. 이는 군대만의 노력으로는 불가능하다. 국가 전체가 나서야 할 사항인 것이다. 율곡 이이의 10만 양병설을 제대로 논의해 보지도 않은 채 임진왜란을 맞았다는 아쉬움이 반복되어서는 곤란하다.

## 선제타격의 경우 미국과 연합으로 실시해야 하는 것 아닌가?

선제타격의 경우 국제적인 파급 효과도 걱정해야 한다. 때문에 동맹인 미국과의 협의는 필수적이다. 미국의 지원을 받을 경우 성공의 가능성이 높아지고, 북한도 함부로 반발할 수 없다. 협의는 당연히 간섭을 수반하게 되지만, 기대되는 이점이 그것을 상회할 가능성이 크다. 한국은 불가피할 경우 단독으로라도 선제타격을 실시한다는 단호한 자세를 견지하되 가능하면 미국과 공동으로 시행하고자 노력해야 한다.

미국의 입장에서도 한국에 주둔하고 있는 2만 8,500명 정도의 미군과 다수 자국민들의 안전을 고려해야 한다. 그래서 북한의 핵무기 사용 위협을 끝까지 방치하기는 어렵다. 안전을 중요시하는 미국의 성향을 고려하면 선제타격을 해야 한다고 판단하는 것이 한국보다 빠를 수도 있다.

미군 사령관들은 북한 핵무기 대응책에 대해 질문을 받으면 대부분 "가능한 모든 방안을 고려한다(Put all possible options on the table)." 라고 대답한다. 한국은 선제타격이 불가피하다고 판단되는 구체적인 조건을 미국과 함께 설정하고, 그러한 상황에서 양국이 협의 및 시행하는 절차를 사전에 정립해 둘 필요가 있다.

## 선제타격은 국민적 대피까지도 고려한 후 결행해야 하는 것 아닌가?

선제타격이 완전하게 성공하지 못할 경우 북한은 잔존 핵무기로 한국을 공격할 것이다. 그렇게 되면 역시 한반도는 핵전쟁에 휘말린다. 따라서 한국은 선제타격을 계획할 때 핵의 폭발 가능성도 고려하여 피해를 최소화하기 위한 대책도 강구해야 한다.

정부는 핵 공격이 임박했거나 발생할 경우 어떤 식으로 경보할 것인지, 국민들은 어떻게 대피해야 할지 지침을 만들어 널리 배포할 필요가 있다. 매월 실시하고 있는 민방공훈련 때 핵 공격 대비훈련을 실시할 필요도 있다. 다만, 이러한 사항이 국민 불안이나 국제적 우려로 비화되지 않도록 주의해야 한다.

핵폭발에 대비해 어떤 형태로 어느 정도의 대피시설이 필요하거나 최선인가를 분석해야 한다. 유사시 국민들이 사용할 수 있는 대피시설을 지정해야 한다. 추가적으로 건설하거나 보완해야 할 요소를 판단하여 완전성을 향상시켜야 한다.

도시별로 발달한 지하철을 효과적으로 활용할 필요도 있다. 지하시설을 구축할 때 미리 핵폭발 상황을 가정하여 최소한의 추가조치를 병행시킬 수도 있다. 각 건물별로 설치되어 있는 지하공간을 효과적으로 활용하거나 보완하는 방안도 연구해야 한다.

# 5장

# 탄도미사일 방어

억제와 선제타격이 제대로 작용하지 않아 북한의 핵미사일이 한국을 향하여 발사될 경우 한국은 어떻게 해야 하나? 핵 공격을 감수할 수는 없는 것 아닌가? 비록 상당한 비용과 어려움이 수반되기는 하지만 공격해오는 핵미사일을 공중에서 격추시킬 수 있어야 하는 것 아닌가?

북한의 핵미사일 위협이 실체화된 현재의 상황에서 한국은 더 이상 탄도미사일 방어에 관한 연구와 방어망 구축을 지체할 수 없다. 비록 지리적 차원과 예산 차원에서 제한 사항도 적지 않고, 극복해야 할 과제도 많지만, 그렇다고 아예 시작하지 않으면 한국은 북한의 핵미사일 위협에 대한 인질로 남을 수밖에 없다. 선제타격이나 응징보복과 탄도미사일 방어가 효과적으로 결합될 때 북한의 핵무기로부터 한국 국민들의 생명과 재산을 보호할 수 있다. 새로운 창이 나오면 이를 막을 수 있는 방패를 갖춰야 하는 것은 너무나 자명한 사항이다.

## 탄도미사일 방어는 기본적으로 어떤 개념인가?

일반적으로 말하는 '미사일 방어'는 실제로는 탄도미사일(Ballistic Missile)에 대한 방어를 의미하는 용어이다. 탄도미사일와 달리 순항미사일(Cruise Missile)은 속도가 느려서 항공기 방어용 미사일로도 대응이 가능할뿐더러 탑재중량도 제한적이다. 정확하게는 '탄도미사일 방어'라고 해야 하고, 세계적으로도 그렇게 한다.

탄도미사일 방어는 넓게는 적 탄도미사일에 대한 지상타격이나 대피까지 포함하지만 일반적으로는 공중에서 요격하는 것을 말한다.

미국의 경우에는 일반적으로 부스트/상승단계(boost/ascent phase), 중간경로단계(midcourse phase), 종말단계(terminal phase)로 구분하고, 각 단계별로 중첩적인 방어망을 구축하여 요격의 확률을 높이고 있다. 부스트/상승단계는 미사일을 추진하는 로켓이 연소하면서 비행을 위한 추진력을 획득하여 최고점까지 상승하는 단계이다. 종말단계는 공격하는 미사일이 목표로 진입하는 단계이다.

그 사이는 중간경로 단계이다. 대륙간탄도탄이 아닌 경우에는 중간경로단계를 별도로 설정하지 않고 부스트단계, 상층방어(Upper Defense)와 하층방어(Lower Defense)로 구분하여 탄도미사일 방어를 조직한다.

당연히 부스트단계에서 적 탄도미사일을 파괴하는 것이 최선이지만 대응시간이 짧다는 단점이 있다. 종말단계의 경우 어느 정도의 시간은 주어지지만 중력이 더해져 수직으로 빠르게 하강하는 적의 탄도미사일을 타격하는 것이 기술적으로 쉽지는 않다. 성공했다 하더라도 우리 지역에 어느 정도의 피해가 가해질 수밖에 없다.

부스트단계의 경우 아직 적절한 무기체계가 개발되지 않아서 대부분의 국가에서는 종말단계 하층방어를 위한 무기체계를 구비한 다음 상층방어 무기체계로 확대해 나가고 있다. 어느 한 가지만으로는 확실한 요격을 보장할 수 없어서 모든 단계에 걸쳐 다양한 무기체계를 개발하여 요격의 확률을 높이고 있다.

미사일 방어에 있어 유의해야 할 점은 핵미사일과 비핵(非核)미사일의 방어가 갖는 차이이다. 비핵 탄도미사일 방어의 경우 공격해오는 미사일을 부분적으로 손상시키거나 파손시켜 표적을 빗나가도록 하는 것도 성공일 수 있다. 하지만 핵 탄도미사일의 경우에는 폭발력이 너무나 크다. 그래서 핵미사일 방어에서는 비행하는 적 미사일을 공중에서 완전히 파괴시키는 것, 즉 직격파괴가 보장되어야 한다.

또한 탄도미사일은 워낙 빨라서 통상의 레이더로는 포착할 수 없기 때문에 특별한 밴드의 레이더가 있어야 한다. 결국 핵미사일 방어를 위해서는 직격파괴가 가능한 요격미사일과 X-밴드 레이더가 필수적이고, 따라서 고도의 기술과 막대한 비용이 필요할 수밖에 없다.

## 미국은 어떻게 탄도미사일 방어를 추진하고 있는가?

미국은 공격해오는 핵미사일을 핵폭발로 파괴하는 방식의 방어체제를 1955년부터 시도했다. 그러나 부작용이 너무 커서 중단하게 된다. 그러면서 소련과 대탄도탄(ABM, Anti-Ballistic Missile) 조약을 체결한다. 서로가 핵미사일 방어체제를 구축하지 않는 방향으로 합의한 것이다.

그러나 레이건(Ronald Reagan) 대통령은 1983년 '전략적 방어구상(SDI: Strategic Defense Initiative)'을 발표함으로써 요격개념에 의한 탄도미사일 방어를 시작했다. 그러나 직격파괴 기술을 개발하지 못해 지체되었다. 다만, 1991년 걸프전쟁 시 이라크의 탄도미사일 공격으로 미군이 피해를 입자 전구미사일 방어의 필요성이 부각되면서 직격파괴가 가능한 지상발사 요격미사일의 개발이 가속화되었다.

2001년 부시(아들) 대통령은 공약으로 국가미사일 방어체제(NMD:

National Missile Defense) 구축을 약속하였고, 당선 후 그의 옹호자인 럼스펠드(Donald H. Rumsfeld)를 국방장관으로 임명하였다. 이후 1972년 소련과 체결하였던 대탄도탄 조약에서 2002년 일방적으로 탈퇴하여 탄도미사일 방어 추진을 위한 법적 정당성을 확보했다. 럼스펠드 장관은 전구미사일 방어와 국가미사일 방어를 '미사일 방어(MD, Missile Defense)'라는 이름으로 통합하여 거부감을 최소화시켰고, 2004년경부터 요격미사일들을 배치하기 시작하였다. 그 결과 현재 미국은 캘리포니아의 반덴버그(Vandenberg) 공군기지에 4기, 알래스카의 포트 그릴리(Fort Greely)에 26기, 총 30기의 지상발사 요격미사일(GBI: Ground-based Interceptor)을 배치한 상태이고 북한의 미사일 위협으로 인하여 2017년까지 14기를 추가로 배치한다는 계획이다.

또한 SM-3 요격미사일을 장착한 이지스함을 태평양 함대에 16척, 대서양 함대에 10척으로 총 26척을 배치하고 있으며, 그 외에도 전구 차원의 상층방어용 THAAD(Terminal High Altitude Area Defense)와 하층방어용 PAC-3 요격미사일을 다수 보유하고 있다.

## 일본의 실태는 어떠한가?

일본은 미국의 전구미사일방어 개념을 참고하여 상층방어와 하층방어로 탄도미사일 방어체제를 구성하고 있다. 하층방어는 지상의 PAC-3 요격미사일이 담당하고, 해상에서의 상층방어는 SM-3 미사일을 장착한 이지스함이 담당한다.

일본의 탄도미사일 방어력 중에서 미흡한 부분은 미국의 역량으로 보완된다. 일본은 조기경보와 원거리 탐지/추적을 목적으로 미국의 X-밴드 레이더를 일본 내 2개 지역에 배치하여 공동으로 사용하고 있다. 또한 필요 시 SM-3 요격미사일을 장착한 미 구축함 등 다양한 미군의 자산을 증원받도록 되어 있다.

일본의 탄도미사일 방어능력을 더욱 구체적으로 설명한다면, 하층방어의 경우 PAC-3를 미국으로부터 획득한 상태다. 즉, 16개 포대를 배치해 동경을 비롯한 주요지역 방어를 강화한 것이다. 아직 일본의 하층방어는 전국토를 방어하기에는 그 수가 턱없이 모자라다. PAC-3 미사일의 경우 속도가 빠른 북한의 노동미사일을 효과적으로 방어할 수 있을지 의문이고, 방어에 성공해도 잔해가 일본에 낙하한다는 제한 사항을 지니고 있다.

상층방어의 경우 일본은 SM-3 미사일을 장착한 4척의 이지스 구축함을 보유한 상태이다. 여기에 2018년까지 2척을 추가하여 총 6척을 확보한다는 계획이다. 그리고 일본은 10년 내에 2척을 추가하여 총 8척을 운영하는 방안을 검토하고 있는 것으로 알려졌다. 이들이 탑재하고 있는 SM-3 미사일은 고도가 160km, 사거리가 500km에 달하지만 고도가 그보다 높은 탄도미사일의 요격에는 한계가 있다. 때문에 일본은 미국과 협력하여 SM-3 Block IIA를 개발하고 있다. 이것은 3단로켓과 대형 탄두를 장착함으로써 단거리 및 중거리 탄도미사일을 높은 고도(중간경로단계)에서 타격할 수 있다. 이 요격미사일은 개발이 상당히 진척된 상태로, 2017년에 완성한 후 2018년 자위대에 인도한다는 계획이다.

일본은 지상 상층방어체계도 확보한다는 결정을 내린 상태로, 2014년 예산에 THAAD 획득을 검토하는 예산을 반영한 상태이고, SM-3 요격미사일을 지상에 설치하는 방안도 검토하고 있다.

공격해오는 미사일의 탐지, 추적을 위하여 일본은 자체적으로도 레이더를 개발했다. 현재 운용되고 있는 것은 FPS-3와 FPS-5 레이더로서, 이 중에서 FPS-5는 일본이 보유하고 있는 레이더 중에서 가장 최신형이다. 2004년 원형을 개발한 이후 2008년부터 배치되어 현재 4식(式, 한국군에서 시스템의 단위로 사용한다)이 배치되어 있고, 7식의 개량형 FPS-3가 배치되어 있다. 이 레이더가 담당하지 못하는 부분은 2개 장소에 배치된 미국의 X-밴드 레이더가 보강하고 있다.

조기경보 능력의 경우 일본은 아직 미국에 의존하고 있다. 미국의 조기경보 위성이 가장 먼저 필요한 정보를 전달하도록 되어 있고, 미국의 X-밴드 레이더도 어느 정도는 조기경보가 가능하다. 일본은 2009년 4월 북한의 미사일 시험발사 시 조기경보의 중요성을 크게 인식했다. 그후 조기경보 위성의 보유 필요성을 강하게 인식하여 2020년 이전까지 우주에 조기경보 레이더를 배치하는 방안을 검토하고 있다.

효과적인 탄도미사일 방어를 위해 일본은 법적인 측면도 심도 깊게 검토하여 세부적으로 발전시켰다. 외부에서 발사된 탄도미사일이 무장공격(armed attack)이라고 판단되는 경우, 무장공격이 아니라도 일본을 향하여 비행해오고 있을 경우 수상의 승인을 받은 방위상이 해당부대에 파괴명령을 하달할 수 있도록 자위대법을 개정하였다. 또한 민간인에 대한 경보전파나 대피에 관한 사항도 세부적으로 규정하여 내각이 조치할 수 있도록 법적인 사항들을 정비한 바 있다.

## 다른 국가들도 탄도미사일 방어를 추진하는가?

미국과 일본을 제외하고 적극적으로 미사일 방어를 추진하는 국가는 이스라엘이다. 이스라엘은 한국과 같이 영토가 협소해서 선제공격에 의존할 수밖에 없다. 공격의 가능성과 피해를 최소화하기 위한 소극적 방어(passive defense) 대책도 강구하고 있지만, 요격을 통한 탄도미사일 방어가 더 중요하다고 판단한 것이다. 이스라엘은 미국의 지원을 바탕으로 1988년부터 애로(Arrow) 요격미사일 개발에 착수하여 1992년 9월 최종 시험을 완료한 후, 1994년에는 애로-2 프로그램으로 전환하였다. 애로-2는 1998년 9월 시험에 성공한 후 텔아비브 및 하이파 등 주요 도시지역을 방어하도록 그린 파인 레이더(Green Pine EW/FC L-band)와 함께 배치되었다.

이스라엘은 애로-2의 성능을 개량한 애로-3를 개발하는 한편(다만 이를 위한 Super Green Pine L Band EW/FC 레이다는 배치된 상태이다), 미국의 종말단계 상층방어 요격미사일인 THAAD를 도입하는 방안도 검토하고 있다.

또한 이스라엘은 하층방어의 일환으로써 70~300㎞ 거리에서 공격해오는 적의 미사일과 로켓을 격추하기 위한 데이비드 슬링(David's Sling)을 개발하고 있다. 이는 2012년 실전 실험을 성공적으로 마친 후 배치 중이다. PAC-2나 PAC-3를 대체할 수 있을 것으로 이스라엘 측은 판단하고 있다.

또한 이스라엘은 전방지역에서 공격해오는 적의 포탄, 로켓탄, 단거리 미사일을 요격할 수 있도록 아이언 돔(Iron Dome)을 개발하여 배치한 상태이다.

러시아도 32기의 장거리(Gorgon) 요격미사일과 68기의 단거리(Gazelle) 요격미사일을 모스크바 주변에 배치한 상태이다. 러시아가 개발한 A-135는 종말단계 요격무기로서 핵탄두를 비핵탄두로 개량하는 과정에 있고, 다수의 지휘통제 및 조기경보 레이더도 보유하고 있다. 항공기와 미사일을 동시에 격추할 수 있는 러시아의 S-400(나토에서는 이를 SA-20 Triumf로 명명)은 2007년에 배치되었다. 이는 400km의 사정거리 내에서 항공기, 순항미사일, 단거리 및 중거리 탄도미사일을 파괴할 수 있다.

중국도 탄도미사일 방어체제 구축에 노력하고 있다. 2010년부터 지상배치 중간경로 미사일요격 실험을 실시하고 있다. 미국, 러시아, 중국의 요격미사일을 비교한 터키가 결국 중국의 요격미사일체계를 공동생산하기로 결정한 것으로 볼 때 기술 수준도 상당히 높은 것으로 판단된다.

아직 위협이 심각한 일부 국가들을 중심으로 하지만, 탄도미사일 방어체제는 점점 세계적으로 확산되고 있다. 어느 시기에는 세계의 군비경쟁이 탄도미사일의 공격과 방어를 둘러싸고 새롭게 전개될 수 있고, 그에 관한 기술적 우위가 장차 전투의 승패를 좌우할 수도 있다.

## 한국의 탄도미사일 방어 실태는 어떠한가?

한국은 1980년대 미국의 레이건 대통령이 전략적 방어구상에 대한 협조를 요청하였을 때 조사단을 파견하는 등 탄도미사일 방어에 관심을 갖기 시작하였다. 그러나 1998년 들어선 김대중 정부는 탄도미사일 방어체제가 남북한 간 화해협력 분위기를 저해할 수 있다고 판단했다. 그 후 정부에서는 탄도미사일 방어에 관한 사항을 거의 언급하지 않게 됐고, 결국 미국이나 일본에 비해 이에 관한 논의와 기술개발이 늦어졌다.

2008년 이명박 정부가 들어서면서 탄도미사일 방어의 필요성에 대한 인식은 강화되었다. 그렇지만 실질적인 조치는 그다지 강구되지 않았다. '한국형 미사일방어'를 추진한다는 방침은 발표되었으나 용어 자체가 항공기 방어와 결합시킨 것으로 그 절박성을 충분히 인식한 내용이 아니었다. 결국 한국은 항공기 방어용의 지상 PAC-2 미사일과 해상 SM-2 미사일을 확보하는 데에만 그쳤다.

결국 미국과 일본은 탄도미사일에 대한 직격파괴 능력을 갖춘 PAC-3 미사일과 SM-3 미사일을 구비하여 상당한 탄도미사일 방어체제를 구축하게 되었지만 한국은 뒤처진 상태이다. 그사이 북한은 탄도미사일에 탑재할 정도로 핵무기를 소형화해버려 대안이 마땅치 않은 상황이 되었다. 지금 필요한 무기체계를 구매하는 결정을 내린다고 하더라도 그것을 획득하는 데는 수년이 소요될 것이다. 그런데도 아직 한국은 직격파괴 능력을 갖춘 탄도미사일로 어떤 종류를 획득할 것인지도 결정하지 못한 상황이다.

제3차 핵실험으로 북한의 핵미사일 위협이 실체적으로 국민들에게 인식된 후 탄도미사일 방어에 대한 인식은 개선되고 있는 것 같다. 하지만 아직 '미국 MD 참여'라는 잘못된 용어가 사용되는 등 그 절박성을 제대로 인식하지 못하고 있다. 한국은 앞으로 상당한 기간 동안 선제타격이나 응징보복에만 의존할 수밖에 없는 상황이다.

탄도미사일 방어에 있어서 한국은 부스트단계에서는 레이저 무기로 타격하고, 공중에서는 THAAD 미사일로 요격하며, 목표지역에서는 PAC-3 미사일로 최종적으로 요격한다는 막연한 개념만 있고 이를 실질적으로 구현하기 위한 준비는 상당히 미흡한 상태이다.

## 한국의 탄도미사일 방어는 미국의 MD에 참가하는 것이라는데?

시민단체들을 중심으로 '탄도미사일 방어=미국 MD 참여'라는 등식이 유포되었고, 상당한 공감대를 얻은 상황이다. 좌파 성향의 학자와 시민단체들은 "미국의 MD는 세계패권 장악을 위한 시도이기 때문에 참여해서는 곤란하다."고 말한다. 미국의 MD에 참여하거나 탄도미사일 방어체제를 구축할 경우 주변국을 자극하여 동북아시아의 긴장과 군비경쟁을 촉발할 수 있다는 것이다. 또는 북한을 자극하여 남북관계의 진전을 방해할 수 있고, 대규모 예산과 고도의 기술이 소요되는 사업이라 현실성이 없다고 주장한다.

그러나 미국이 그들 탄도미사일 방어체제에 한국의 '참여'를 요청하거나 그러한 단어를 사용한 적은 없다. 주한미군사령관 등이 "한국 자체의 탄도미사일 방어망 구축이 필요하다."거나 "이를 위한 한미 양국군 간의 협력이 중요하다."고 언급한 것을 언론에서 '참여' 종용으로 해석하였을 뿐이다. 협력과 참여는 엄연히 다르다. 한국이 탄도미사일 방어체제를 구축하더라도 그것이 미국 탄도미사일 방어체제의 일부분이 되거나 격추 명령권을 미군이 갖는 것이 아니다. 일본의 경우도 미국 MD의 일부가 아니다. 일본 방위성이 SM-3나

PAC-3의 요격명령을 내리는 것이다.

한국이 탄도미사일 방어체제를 구축하면 북한과의 화해협력이 어려워진다는 것은 더욱 말이 되지 않는다. 탄도미사일로 위협하는 북한의 기분이 상할까 봐 그에 대한 방어체제를 구축하지 않아야 한다면 군사력도 증강하지 않아야 하고, 북한 도발에 대한 대비태세도 강화하지 않아야 한다. 중국이 반대할 것이라는 것도 지레짐작이다. 일본의 탄도미사일 방어체제에 대하여 중국 정부가 공식적으로 반대한 적은 없다. 설령 중국이 반대한다고 하더라도 우리에게 필요한 방어조치를 포기할 수는 없다.

탄도미사일 방어체제 구축을 위해서는 많은 비용이 들기는 한다. 하지만 천문학적 수준은 아니다. PAC-3 1기의 경우 그 자체는 20~-30억 정도로 지원체계까지 포함해도 육군의 전차보다 비싸지 않다. 한국은 이미 PAC-2 미사일을 보유하고 있어 부분적으로 개량할 경우 비용을 절약할 수 있다. THAAD, SM-3, X-밴드 레이더의 가격이 만만치 않다면 미국의 자산을 이용하는 방식도 검토할 수 있다.

북한과 우리 사이에는 4km의 비무장지대만 있어서 탄도미사일 방어를 위한 시간이 제한되는 것은 사실이다. 그렇다고 북한의 핵미사일 위협으로부터 국민을 보호하기를 포기해서는 곤란하다. 창의적인 탄도미사일 방어체제 구축이나 우방과의 협력이 더욱 절실할 뿐이다. 상층방어는 미국에 의존하면서 한국은 다수의 PAC-3 요격 미사일을 확보하여 청와대와 같은 핵심표적을 보호하는 데 집중해야 한다. 혹은 부스트단계에서 적 미사일 요격이 가능한 레이저 무기를 한미가 공동으로 개발할 수도 있다.

## 탄도미사일 방어에 관한 한국의 정책은 어떠해야 하는가?

국민들은 무엇보다 먼저 북한의 핵미사일이 언제라도 발사되어 한국의 국토를 타격할 수 있는 현재 상황의 심각성을 이해할 필요가 있다. 북한은 탄도미사일에 탑재하여 투발할 정도로 핵무기를 소형화하는 데 성공하였을 가능성이 높다. 한국은 이것을 공중에서 요격할 수 있는 능력을 구비하지 못하고 있다.

대량보복전략이나 상호확증파괴전략에 의하여 핵전쟁을 억제해야 했던 냉전기 미국과 같이 한국은 북한의 핵미사일 공격에 무방비로 노출되어 있다. 냉전 시대의 미국은 충분한 응징보복력을 갖고 있었지만, 한국은 그렇지도 못하니 더욱 위험한 상태이다.

한국의 핵미사일 방어체제 구축을 위한 기초는 그 필요성에 대한 국민들의 정확한 이해이다. 민주주의 국가인 한국에서 국민여론의 지지를 받지 못하는 정책이 구현되기는 어렵다. 특히 탄도미사일 방어의 경우 국민들의 오해로 제대로 추진되지 않은 점이 크다. 국민들이 탄도미사일 방어에 관한 정보를 제대로 알았다면 '미국 MD 참여'라는 선동에 동조하지 않았을 것이다. 상대가 새로운 창을 개발하면 그것을 막을 수 있는 새로운 방패를 만들어야 한다는 것은 상식이다.

이미 지체된 상황이기는 하지만 자체적인 탄도미사일 방어체제를 조기에 구축하는 방향으로 정책을 결정하고, 적극적으로 추진할 필요가 있다. 비핵무기에 의한 응징보복은 효과가 없을 가능성이 크고, 선제타격은 너무나 위험하다. 그러니 안전하면서도 합리적인 방안은 미사일 방어망을 구축하여 공격해오는 미사일을 공중에서 요격하는 것이다.

북한에 국경을 맞대고 있어 공격해오는 핵미사일을 요격하기가 어려운 게 사실이다. 그렇다고 무방비 상태로 시간을 보낼 수는 없다. 당장은 상당한 비용이 소요되겠지만, 장기간에 걸쳐 꾸준히 노력하면 기술적 진전을 이루면서 비용부담도 크지 않을 것이다.

한국도 미국이 전구미사일방어(TMD)에서 적용하고 있는 개념을 도입해야 한다. 부스트단계(Boost Stage), 상층방어(Upper Tier Defense), 하층방어(Lower Tier Defense)의 세 가지 단계이다. 그 중에서도 특히 하층방어에 중점을 두어야 할 것이다. 북한의 단거리 미사일은 상층방어 요격미사일(예를 들면 THAAD)의 최저교전고도(minimum engagement altitude)인 40km 정도에서 정점(頂點, apogee-미사일이 최고로 높이 올라가는 고도)에 이른다. 때문에 상층방어 요격미사일로 파괴하기에는 고도가 낮아 실효성이 적다.

다만, 하층방어의 경우 하강하는 적 탄도미사일을 격파하는 것이라 기술적으로 쉽지 않고 성공해도 파편이 국내에 떨어지며, 무기체계의 소요가 늘어나는 단점이 있다. 특히 노동미사일같이 사거리가 1,000km도 넘는 탄도미사일은 더욱 요격이 어렵다. 적이 각도를 높여 사거리를 줄여서 탄도미사일을 사격하면 하층방어 요격미사일로는 추적 및 요격이 어렵다.

먼저 주요 전략시설의 주변부터 하층방어 무기체계를 배치하되 그 한계를 보완할 수 있도록 부분적인 상층방어 무기체계를 획득해야 한다. 이마저 불가능할 경우에는 선제타격을 통하여 보완하도록 개념을 구상해야 한다.

## 현재 상태에서 탄도미사일 방어를 위한 핵심과제는 무엇인가?

우선, 정부 전체 차원에서 북한의 핵미사일 위협에 관한 사항을 종합적으로 분석하고 탄도미사일 방어를 비롯한 다양한 대응책을 강구하는 조직을 창설해야 한다. 북한의 핵미사일 위협은 국가 차원에서 집중적으로 노력해야 할 사안이 되었기 때문이다.

이를 위해서 '국가안보실'의 과업을 핵미사일 위협분석과 대응책 마련에 중점을 두도록 임무를 재지정하는 방안도 가능하고, 별도의 독립기구를 설치할 수도 있다. 미국의 미사일 방어국(MDA: Missile Defense Agency)과 같은 기구를 마련할 경우 업무추진의 독립성과 집중성이 강화될 수 있을 것이다.

국방부 및 합참도 북한의 핵미사일 위협을 분석하고, 탄도미사일 방어체제 구축을 비롯한 군사적인 대응책을 강구하는 부서를 집중적으로 보강하여 정부 조직과 긴밀한 협조체제를 구축해야 한다. 핵미사일 방어와 관련하여 육군과 공군 간의 업무분장을 명확하게 설정하고, 각 군에서도 필요한 전략과 무기체계 소요를 연구하도록 독려할 필요가 있다. 현재 공군과 육군으로 분산되어 있을 뿐만 아니라 탄도미사일 방어에 관한 책임한계가 불분명하다는 점에서 합동

방공사령부(또는 연합방공사령부)를 구성하는 등으로 핵미사일 방어에 관한 모든 노력을 효과적으로 통합하는 방안을 고민해야 한다.

그리고 탄도미사일 방어에 관해서는 요격권한을 현장 지휘관에게 법적으로 위임할 수 있어야 한다. 그래야 즉각적 대응이 가능하다. 국방장관, 작전사령관, 부대지휘관, 요격미사일 포대장 등에 걸쳐서 책임과 권한의 한계를 명확하게 설정하고 이를 통해 신속하고 책임성 있는 대응을 보장해야 한다.

국방관련 연구소의 연구 중점도 탄도미사일 방어를 중심으로 한 북한 핵미사일 대응으로 조정해 나가야 한다. '한국국방연구원'도 핵미사일 위협 분석과 대응책 마련에 연구역량을 집중시킬 필요가 있고, '국방과학연구소'도 관련된 기술을 집중적으로 발전시키는 방향으로 우선순위를 조정해야 한다. 필요할 경우 추가적인 연구소를 설립하거나 민간 및 외국 연구소와의 협력 체제를 강화할 수 있다.

그러나 이러한 과제들은 상당한 시간과 재원을 소요하는 일이다. 기대나 희망만큼 구현되기는 매우 어렵다. 따라서 한국은 미국과의 협력을 통하여 미흡한 부분을 적극적으로 보완해 가야 한다. 한반도의 전쟁억제를 위해서는 미국의 지원력이 절실히 필요하다. 이를 위해 상호방위조약을 체결하고, 연례적으로 안보협의회의 및 군사위원회 회의를 개최하며, 한미연합사를 보유하고 있는 것이다. 그러면서 북한의 핵미사일 대응에 관하여 미국과 협력하지 않는 것은 말이 안 된다.

## 미국 및 일본과의 협조가 필수적인 것 아닌가?

핵미사일에 대한 방어망 구축이 시급하다면 한국은 당연히 미사일 방어에 개념적, 기술적으로 선도국인 미국과 적극적으로 협력해야 한다. 한국과 미국은 동맹국이기 때문에 협조가 용이할 것이고, 이러한 협력을 통하여 한국은 필요한 무기체계를 쉽게 확보할 수 있을 것이다. 더욱이 어느 정도의 기술 이전도 가능하고, 주한미군과의 협조체제도 강화할 수 있다.

미국과의 협력에 있어 탄도미사일 방어에 관한 기술을 확보하거나 필요한 무기체계를 획득하는 것도 중요하다. 하지만 조기경보체제의 구축이 더욱 근본적인 과제일 수 있다. 북한의 핵미사일이 언제 어디에서 발사되는지를 파악하지 못한 상태에서는 효과적인 대비 자체가 불가능하기 때문이다.

기존 레이더는 고속으로 비행하는 탄도미사일을 제대로 포착하지 못한다. 때문에 X-밴드 레이더를 확보하여야 한다. 현재 한국군은 이스라엘로부터 레이더(최대 탐지거리 800㎞)를 도입하여 운영하고 있지만, 충분하다고 볼 수 없다. 이 레이더의 성능을 면밀하게 분석하고 미흡할 경우 미군의 X-밴드 레이더를 공유하는 방안도 고려할 필요가 있다.

국민정서 측면에서 수용하기가 쉽지 않은 측면이 있지만, 일본과의 탄도미사일 방어 관련 정보 공유나 협력도 필요할 수 있다. 북한의 핵미사일에 대하여 한국과 일본은 유사한 위협을 느끼고 있고, 한국과 일본이 상호 보완할 경우 정보의 정확성이 높아지고 대응의 효율도 커질 수 있기 때문이다. 미국을 중심으로 한·미·일 3국이 협력할 경우 북한 핵미사일에 대한 대응의 질은 훨씬 좋아질 것이다.

# 6장

# 핵폭발 시 대피

예기치 않은 방향으로 남북한 상황이 극단적으로 악화되어 북한이 핵미사일로 한국을 공격하면 어떻게 될 것인가? 이러한 상황을 가정하는 것은 너무나 끔찍한 일이다. 자기충족적 예언(self-fulfilling prophecy)이 될까 이런 상상을 회피한다. 하지만 그 가능성을 전혀 배제할 수는 없다.

국민들의 대부분은 핵 공격을 받으면 전멸할 뿐 아니라 국토가 불모지대가 될 것으로 생각한다. 하지만 핵폭발의 위력이 그렇게 절대적인 것은 아니다. 어느 정도의 예방조치를 강구하거나 효과적으로 조치하면 상당할 정도로 피해를 감소시킬 수 있다. "내가 사는 동안에 터지지 않으면 된다."면서 요행을 바랄 게 아니라 "언제 터질지 모른다."는 생각으로 사전에 준비하는 것이 필요하다.

## 핵무기의 피해는 어느 정도인가?

핵무기가 폭발하면 폭풍(blast), 열(heat), 방사선(radiation)이 발생하여 인명을 빼앗고 시설을 파괴시킨다. 각 효과의 비중은 폭발 형태에 따라서 다르지만 대체적으로 폭풍 효과가 50%를 차지할 정도로 가장 크고, 다음으로는 열, 방사선이다. 추가로 전자기파(EMP: Electromagnetic Pulse)가 발생하여 전기 및 전자기기들을 무력화시키기도 한다.

핵무기가 폭발하면 지상에 대형 구덩이가 발생하고 대규모 화염이 발생하며 폭풍이 전달되고 버섯 모양의 구름도 형성된다. 그 과정에서 열복사선이 빛의 속도로 전파되어 화재를 발생시키고, 강력한 폭풍이 인명을 살상하면서 건물을 파괴시킨다. 또한 초기방사선으로 감마선과 중성자가 발산되고, 낙진(落塵)이 잔류방사능을 발산하면서 광범위한 지역을 오염시킨다.

핵폭탄의 위력(yield)은 주로 TNT 위력으로 표시되는데, 1945년 8월 일본의 히로시마는 약 16kt, 나가사키에는 약 20kt의 원자폭탄이 투하된 바 있고, 그 결과 히로시마에서는 9만~16만 6,000명, 나가사키에서는 6만~8만 명 정도가 사망한 것으로 알려져 있다.

2004년 미국의 환경기구인 NRDC(Natural Resources Defense Council)

의 매킨지(Matthew G. McKinzie)와 코크란(Thomas Cochran) 박사의 발표에 의하면, 인구밀도가 높은 서울에 1945년 히로시마와 나가사키에 투하된 것과 동일한 핵폭탄이 동일한 형태(지상 500m 공중폭발)로 폭발하면 6배 정도 많은 사상자가 예상된다고 한다. 나아가 지면에서 폭발할 경우에는 10배가 넘는 사상자가 발생하고 전 국토가 오염될 것으로 분석한다. 즉 15kt의 핵무기가 서울 500m 상공에서 폭발하면 62만 명의 사상자, 100m 상공이면 84만 명의 사상자, 지면폭발이면 125만 명의 사상자가 발생한다는 것이다. 2010년 한국국방연구원에서도 독자적 시뮬레이션을 통해 핵무기 폭발 시의 피해를 공개한 적이 있다. 그중의 한 시나리오에 의하면 통상적인 기상조건에서 서울 지면에서 20kt급 핵무기가 폭발하면 24시간 내에 90만 명이 사망하고, 136만 명이 부상하며 시간이 경과할수록 낙진 등으로 사망자가 증가한다고 보고 있다.

핵무기가 서울과 같은 도시에서 폭발할 경우 상당한 피해가 발생하는 것은 사실이다. 그러나 상당수의 사람들이 살아남을 수 있는 것 또한 사실이다. 사전에 대피조치를 강구할 경우 그 피해는 더욱 줄어들 수 있다. 따라서 핵무기가 1발이라도 폭발하면 모든 것이 끝났다고 생각하기보다는 피해를 최소화할 수 있는 방안을 모색하는 것이 합리적이다.

## 핵무기의 피해는 어떤 형태로 나타나나?

핵무기의 공격을 받을 경우 가장 즉각적이면서 치명적인 피해는 핵 폭풍에 의한 것이다. 핵폭발 원점을 중심으로 생성된 강한 압력이 시속 수백km 속도의 폭풍이 되어 사방으로 분산되어 나간다. 원점에 가까우면 대형 빌딩도 붕괴될 정도지만 거리가 멀어질수록 그 위력은 점점 떨어진다. 예를 들면, 10kt 위력의 핵무기가 폭발하면 반경 700m 이내의 대부분 빌딩은 파괴되지만, 반경 2km 정도부터는 풍속이 급격히 떨어지고, 따라서 피해정도도 감소된다.

특히 낙진에 의한 방사능 오염은 노력하면 피해를 현저하게 낮출 수 있다. 낙진은 천천히 광범위하게 떨어지기 때문이다. 낙진의 방사능은 처음에는 치명적이지만 시간이 흐름에 따라 급격히 감소된다. 때문에 일정한 기간만 대피하면 피해를 크게 줄일 수 있다. 낙진의 방사능은 핵폭발 1시간 후 1,000R(뢴트겐, roentgens)/H이라면 7시간 이후에는 100R/H, 14시간 이후에는 43R/H, 그리고 48시간 이후에는 18R/H까지 떨어지고, 2주 후에는 1R/H까지 떨어진다. 이를 암기하기 쉽도록 '7-10 규칙(seven-ten rule)'이라고 부른다. 7시간 이후에는 1/10, 49(7X7)시간 이후에는 1/100(71/10X1/10)으로 떨어진다는 내용이다. 따라서 대체적으로 2일만 견디면 간헐적인 활동이 가능하고, 2주 후에는 전반적인 활동이 가능할 수 있다.

방사능에 노출되었다고 하여 모두 사망하는 것은 아니다. 개인별 건강상태에 따라 시간과 치명성의 정도가 다를 수 있다. 대체적으로 450R/H를 받은 사람 중에서 1/2 정도가 사망하는 것으로 알려져 있다. 다만 대피소 등에서 오랜 기간 불편한 생활을 하면 영양 부족이나 스트레스로 적은 양의 방사능에도 피해가 발생할 수 있다.

## 핵폭발 시 대피조치에는 어떤 것이 있나?

핵폭발로부터 피해를 최소화하기 위한 노력은 크게 세 가지로 구분할 수 있다. 그중에서 우선적인 것은 핵 공격에 대한 경보/안내(warnings and communications)이고, 실제적 대피의 두 가지 형태는 소개(疏開, evacuation)와 대피(shelter)이다.

경보/안내는 핵 공격이 임박하거나 일어났다는 사실, 그리고 이후 진행되는 상황을 알리거나 피해를 줄일 수 있는 행동방향을 국민들에게 제시해주는 활동이다. 핵폭발 시 정부가 가장 긴급하게 조치해야 할 사항이다. 경보/안내를 받을 경우 국민들은 각자 핵폭발로부터 피해를 최소화하기 위한 조치를 시행해야 한다. 거리에 있을 때는 바로 대피소나 집으로 이동해야 하고, 직장에 있을 때는 빌딩의 지하실이나 깊숙한 곳으로 대피해야 한다. 집에서는 가스, 전기, 기름을 끄거나 잠가야 하고 창문과 커튼을 닫고 대피처로 이동해야 한다. 정부에서는 혼란이 발생하지 않도록 필요한 통제조치를 강구하고, 국민들 스스로도 질서 있게 행동하고자 노력해야 한다.

소개는 안전한 지역으로 주민들을 이동시키는 활동이다. 핵무기는 통상 도시나 주요 군사시설을 대상으로 하기 때문에 핵 공격이 임박하면 위험성이 높은 지역에 있는 사람들을 강제 또는 자발적으로 이동시켜야 한다. 다만 핵무기가 어디에 투하될지, 그리고 바람 방향이 어떠할지 확실하게 아는 것이 어렵고, 오히려 이동하는 도중에 방사능에 노출될 위험성도 클 수 있다. 따라서 핵 공격의 표적 지역에 대한 확실한 정보가 있고, 이동하여 머물 안전한 지역이 있으며, 도로가 막히거나 통제되지 않고, 이동수단이 확실할 때에만 소개를 선택하는 것이 합리적이다.

준비하는 데 따라서 개선되는 정도가 크고, 핵 공격이 발생하였을 때 성과가 확실하게 보장되는 것은 대피소의 구축이다. 핵폭발의 원점에서 살아남고자 한다면 상당한 비용이 들겠지만, 낙진으로부터의 안전만 제공하는 '낙진 대피소'를 구축할 경우에는 그 비용이 그리 비싸지 않다.

방사능을 차단할 수 있는 물질로 둘러싼 어떤 공간을 만들고, 낙진의 방사능이 자연적으로 감소되는 시간까지 생활을 지속할 수 있으면 어느 곳이든 대피소로 기능할 수 있다. 방사선은 단단한 물질을 일정한 두께 이상 통과하지 못하기 때문에(예를 들면, 콘크리트는 30cm 정도, 벽돌은 40cm 정도, 흙은 90cm 정도) 이 정도의 두께로 벽과 지붕을 만들고, 2주 정도 인간이 생활하는 데 필요한 준비(환기, 식수, 음식, 용변, 수면 등)를 갖추면 된다. 국가 차원에서 대규모 대피소를 구축할 수도 있고, 가정 및 개인별로 구축할 수도 있음은 물론이다.

## 외국에서는 어떻게 대피를 하는가?

1945년 일본이 2차례의 핵 공격을 받은 후 서구에서는 냉전이 시작되면서 소련이 대규모 핵전력을 보유하기 시작했다. 미국, 영국, 독일을 비롯한 나토 국가들과 스위스, 스웨덴과 같은 중립 국가들은 핵대피의 필요성을 절감하고 핵의 피해를 최소화하기 위한 다양한 방안을 강구하기 시작했다. 그 결과 상당한 수준의 대피능력을 보유하게 되었다.

핵 대피를 위한 조치가 잘 된 국가로 스위스를 꼽을 수 있다. 스위스는 영세중립국이고 스위스를 공격하겠다는 국가도 없지만, 다른 어떤 국가보다 국방과 핵 대피를 철저히 준비하고 있다. 스위스는 국가적으로 많은 핵 대피소를 구축해두고 있는데, 이미 1990년에 국민의 100%가 대피할 수 있는 시설을 확보했다고 평가된다. 현재 스위스에는 30만 개의 핵 대피소가 구축되어 있고, 공공대피소도 5,100개에 달한다. 게다가 각 가정별로 지하실 등 대피시설을 구축해두고, 환기 및 필터를 구비하고 있다. 국민들은 무기사용, 응급조치, 대피소 관리, 구호 활동 등에 관하여 지속적으로 교육 및 훈련을 받고 있다. 대피훈련도 주기적으로 실시된다.

소넨베르그(Sonnenberg) 터널은 2만 명을 동시에 수용할 수 있고, 출입문의 두께도 1.5m가 넘으며, 자체 급수시설과 발전시설을 구비하고 있어 2주간 견딜 수 있다고 한다.

그 외에도 스웨덴, 노르웨이 등의 북유럽 국가들을 비롯하여 유럽의 대부분 국가들은 나름대로 어느 정도의 핵 대피시설을 구축해둔 상태이다. 지하실을 일상적 편의공간으로 사용하는 그들의 생활습관을 고려할 때 핵 공격을 받더라도 어느 정도 피해를 감소시킬 수 있어 보인다. 핵전쟁의 가능성이 높아질 경우 이들은 핵 대피 활동을 더욱 활발하게 구현해 나갈 것이고, 단기간에 상당할 정도로 그 질을 향상시킬 수 있는 잠재력을 보유하고 있다.

## 핵 대피소는 어떻게 준비하는가?

한국도 공공대피소를 지정 및 구축해 나가는 문제를 심각하게 고려해야 한다. 북한의 핵 공격 가능성을 계속 무시할 수는 없기 때문이다. 다만 별도의 공공대피소 구축보다는 기존의 민방위시설을 핵 대피가 가능하도록 보완하거나, 대형건물의 지하 공간(지하상가 등)이나 지하철 공간을 공공대피소로 활용하는 방안을 검토해 볼 수 있다.

이들의 경우 출입문과 창문만 일부 보강하면 핵폭발의 폭풍에서도 안전을 보장할 수 있고, 환기시설만 보강하면 치명적인 이틀은 견딜 수 있으며, 식수와 음식을 보강하면 다수의 인원이 2주일간 견딜 수 있기 때문이다. 핵폭발까지 견디는 대피소, 낙진을 2주 동안 견디는 대피소, 낙진을 이틀 동안 견디는 대피소, 제한된 낙진방호만 제공하는 대피소 등으로 등급을 매기고, 수용인원도 정확하게 판단하며, 개인이 쉽게 찾아갈 수 있도록 표시해둬야 한다.

한국의 경우 공공대피소로 이동할 시간조차 주어지지 않을 가능성이 높아서 아파트 단지나 가정별 대피소를 적극적으로 검토할 필요가 있다. 지하 주차장 등을 일부 보강하면 방호효과를 높일 수 있다. 아파트단지의 경우 지하주차장의 출입문과 창문만 보완해도 폭풍효과에서 상당한 피해를 줄일 수 있다. 취약한 벽면만 부분적으로 보완해도 방사선 방지 효과가 클 수 있고 환기, 식수, 음식을 준비하면 상당한 기간 동안 대피생활을 보장할 수도 있다.

개인주택의 경우 지하실이 있으면 이를 보강하여 대피소로 활용하도록 하자. 지하실이 없는 상태라면 가장 안전한 공간의 벽면을 사전에 보강해도 대피효과가 상당히 좋아질 수 있다.

시골 지역의 경우에는 땅을 파서 사전에 대피호를 구축해두도록 하거나 유사시에 대피호를 만들 수 있도록 지도할 수 있다. 그리고 새로운 건물을 지을 때 핵 대피를 위한 설계 및 건축의 기준을 제시하거나 이를 위한 예산지원 또는 세제감면 등의 금전적 혜택도 부여할 수 있다.

대피소를 구축하는 것도 중요하지만 그것이 제대로 기능하도록 하는 것이 더욱 중요하다. 따라서 각 대피소별로 환기, 식수, 음식, 수면, 용변에 대한 해결방법을 제시하고 교육시켜야 한다. 필수적인 품목은 대피소별로 비치하거나 목록을 만들어 유사시에 문제가 없도록 해야 한다. 방사능 측정기구와 같이 개인별로 확보하기 어려운 것은 국가에서 실비에 공급하거나 무상으로 분배할 수도 있다.

또한 공공 및 가정별 대피소에서 다수가 생활함에 따른 규칙도 사전에 잘 정해두고, 필요할 경우 훈련시킬 수 있도록 하자. 아울러 질서가 지켜지지 않으면 처벌할 수 있도록 강구할 필요도 있다. 열악한 조건에서 다수가 수일 또는 수주를 함께 생활할 경우 질서가 없으면 상당한 문제점이 발생할 수 있다.

# 7장

# 평화체제와 통일에 의한 해결

억제, 선제타격, 탄도미사일 방어라는 군사적 대응책은 분명히 필요하다. 하지만 그것만으로 북한의 핵무기로부터 국토와 국민들의 생명과 재산을 보호할 수는 없다. 그것들을 유효한 대응책으로 만들려면 상당한 노력이 필요하다. 따라서 근본적인 해결책도 병행해야 한다. 그것은 바로 남북한 간의 평화정착과 통일이다. 남북한이 우호적이 되거나 통일이 되면 핵문제는 자동적으로 해결될 것이다.

세상의 모든 일이 그렇지만 좋은 해결책일수록 달성하기는 어렵다. 특히 평화적 통일은 너무나 불확실하고, 상당한 시간과 인내를 요구한다. 한국이 지금까지 노력했어도 평화통일의 달성 가능성은 그다지 드러나지 않고 있다. 북한이 갑작스럽게 붕괴하여 통일이 될 가능성도 있지만, 그것도 확실하지는 않다. 지금까지 통일에 대한 조급한 노력이 오히려 통일을 저해해온 점이 있다. 따라서 한국은 부처님과 같은 느긋함과 신념을 바탕으로 통일을 위한 기반을 꾸준히 닦을 필요가 있다. 북한의 화해협력 손짓에 동요되지 말고, 북한의 위협에도 굴복하지 않으면서 시기가 무르익기를 기다릴 수 있어야 한다.

## 평화란 어떤 것인가?

자유나 정의와 같이 평화도 주관성이 큰 개념이다. 국립국어원의 『표준국어대사전』에서는 평화를 “1) 평온하고 화목함. 2) 전쟁, 분쟁 또는 일체의 갈등이 없이 평온함. 또는 그런 상태.”라고 정의하고 있다. 『*Merriam Webster*』 사전에서도 ‘peace’를 “a state in which there is no war or fighting, an agreement to end a war, a period of time when there is no war or fighting.”이라고 정의하고 있다. 국제정치학에서도 일반적인 평화의 정의는 ‘전쟁의 부재(absence of war)’이다.

전쟁이 없는 상태가 평화의 기본적인 요건임은 틀림없지만, 거기에 만족할 수 없는 것도 사실이다. 전쟁이 없다 하더라도 전쟁보다 더욱 비참한 불행이 발생할 수 있기 때문이다. 이런 점에서 노르웨이의 갈퉁(Johan Galtung)은 ‘전쟁의 부재’에 해당되는 평화를 소극적 평화(negative peace)로 규정하면서 이보다 더욱 확대된 진정한 평화를 적극적 평화(positive peace)라고 불렀다. 그는 진정한 평화는 “폭력이 없는 상태(absence of violence).”라며, 특히 국가내부적인 사항에 중점을 두어서 사회 전반의 ‘구조적 폭력(structural violence)’, 즉 정치적 억압, 경제적 착취, 문화적 폭력 등이 제거되어야 한다고 말했다. 즉 전쟁이 없는 상태를 바탕으로 민주화가 이뤄지고, 복지국가가 될 때 진정한 평화가 달성된다는 주장이다.

한국의 경우 당장은 전쟁이 없기 때문에 소극적 평화가 어느 정도는 구현되었다고 할 수 있다. 하지만 휴전 상태라는 점을 감안하면 충분한 정도는 아니다. 한국의 경우 적극적 평화를 추진할 수 없는 것은 아니지만 당장은 소극적 평화의 완성에 중점을 둘 필요가 있다. 특히 북한이 핵무기 사용으로 위협하는 상황이 언제든지 발생할 수 있다면 더욱 그러하다.

## 평화체제란 무엇인가?

평화체제도 사람에 따라 다르게 설명할 수 있다. 하지만 평화라는 단어에 체제라는 단어가 추가된 것으로 단순하게 인식하면 쉬워질 수 있다. '평화를 제도화 및 구조화한다.'는 의미라고 말이다.

실제적인 평화체제에 어떤 정형이 존재한다고 보기는 어렵다. 평화가 오랫동안 정착되어 있다면 그것이 평화체제일 것이기 때문이다. 평화협정을 체결한다고 하더라도 그것만으로는 부족하다. 그러한 협정이 준수되도록 하는 장치가 존재해야 한다. 한 걸음 더 나아가 그러한 협정과 장치들이 제대로 작동하여 평화상태가 지속되어야 할 것이다. 평화체제는 평화상태를 창출해나가는 과정으로 봐야 한다.

평화협정의 경우 통상적으로 정전협정을 거쳐서 체결된다. 정전협정이 먼저 이뤄지고 평화협정이 이어진다는 말이다. 제1차 세계대전에서는 1918년 11월 7일 항복한 독일과 연합군이 꽁삐뉴 숲에서 정전협정을 체결했다. 이를 기초로 1919년 6월 28일 파리 평화회의가 열려서 베르사유조약(Treaty of Versailles)을 맺었다. 제2차 세계대전의 경우 일본은 1945년 9월 2일 미주리함상에서 항복문서에 서명한 후 그 후속조치로 51년 8월 13일 샌프란시스코 조약을 체결하였다.

반면 제2차 세계대전 이후 유럽에서는 1945년 5월 7일 독일의 요들(Alfred Jodl) 참모총장이 항복문서에 서명하여 종전은 되었으나 이를 공식적으로 마무리 짓는 평화조약은 이어지지 않았다. 그러므로 평화협정이 필수적이라고 볼 수는 없다. 아시아보다 유럽에서의 평화가 더 잘 제도화 및 구조화되어 있다고도 볼 수 있기 때문이다.

평화협정보다는 그것을 지키도록 하는 장치들이 더욱 중요하다. 이에 대해서도 정형이 있는 것은 아니지만, 일반적으로 전쟁을 일으킨 국가의 군대규모를 제한하거나 중립지대를 설치하는 방안, 그리고 이행을 감시하는 기구의 설치, 조약(협정)을 위반하였을 때의 제재조치가 있다. 1977년 체결된 이집트와 이스라엘의 평화조약 같은 경우에도 시나이반도를 비무장지대로 지정하거나 유엔의 휴전감시 조직을 설치하는 등의 장치를 마련하였다.

실제적으로 평화체제에서 중요한 것은 현실에서 평화상태가 지속 및 누적되도록 하는 것이다. 그래야만 평화가 제도화 및 구조화된 것으로 판단할 수 있다. 그리고 이의 기본은 바로 전쟁의 억제이다. 전쟁을 일으켜봐야 성공하지 못하거나 얻을 수 있는 것보다 더 많은 것을 잃을 수 있다고 확신시켜야 평화가 지켜진다. 이러한 측면에서 평화를 위한 평소의 노력은 전쟁을 억제하기 위한 노력이 된다.

인류사회에서 이상향으로 그리는 진정한 평화상태는 존재하기 어렵다. 대신 전쟁이 없는 상태가 오래 지속되는 것을 평화라고 인식할 필요가 있다.

## 한반도는 평화체제가 전혀 구축되지 않은 상태인가?

"한반도는 아직 평화체제가 정착되지 않았다."고 흔히들 말한다. 남북한의 대규모 군사력이 휴전선을 중심으로 일촉즉발의 위험성으로 대치하고 있기 때문이다. 2010년 3월 북한 잠수정에 의한 천안함 폭침이나 2010년 11월의 연평도 포격의 사례에서 보듯이 양측은 금방이라도 군사적 충돌을 일으킬 태세이다. 특히 북한은 핵무기를 지속적으로 개발하여 왔고, 2013년 2월 12일에는 3차 핵실험을 실시한 후 "미사일에 탑재할 정도로 핵무기를 소형화하는 데 성공했다."고 발표했다. 한국은 다른 어느 국가보다 전쟁의 위험성이 크고 '전쟁의 부재'라는 소극적 평화조차 확신하기 어려운 것이 사실이다.

시각을 전환해 보자. 한반도에서는 1953년 7월 27일 정전 이후 60여 년 동안 전쟁이 발발하지 않았다. 그동안 북한은 수많은 도발을 자행했고 일촉즉발의 상황이 없었던 것도 아니지만 어쨌든 전쟁은 억제되었다. 한반도의 현재 상황은 공산주의와 민주주의가 대결한 냉전(cold war)의 상황과 유사하다. 전쟁을 억제하는 장치, 다른 말로 하면 평화를 보장하기 위한 최소한의 장치가 가동되고 있다고 평가할 수 있는 것이다.

"한반도에 평화가 정착되지 않았다."는 시각으로 다수의 학자들은 남북한 간에 새로운 평화협정을 맺어야한다고 말한다. 1953년 7월 체결된 정전협정을 평화협정으로 대체해야 한다는 것이다. 정전협정에 "3개월 이내에 정치적 사항들을 타결"하도록 되어 있었던 것도 사실이다.

그러나 실제적인 평화 상태가 지속되는 것이 중요하다는 차원에서 보면, 새로운 협정이 반드시 필요하다고 보기 어렵다. 우리의 정전협정은 평화협정에 필요한 대부분의 사항을 규정하고 있고, 지금까지 잘 적용되어 왔다.

그 외에도 남북한은 1991년 12월 13일 「남북한 기본합의서」, 즉 「남북 사이의 화해와 불가침 및 교류·협력에 관한 합의서」를 체결하여, 남북 간의 상호 인정(제1조), 파괴 및 전복 행위 금지(제4조), 무력 불사용(제9조), 평화적 해결(제10조), 불가침 경계선과 구역(제11조) 등 평화협정의 주요 쟁점을 망라하여 합의해둔 상태이다. 며칠 후인 1991년 12월 31일 남북한은 핵무기의 시험·제조·생산·접수·보유·저장·배비(配備)·사용을 금지하는 '한반도의 비핵화에 관한 공동선언'에도 합의하였다. 협정의 존재 유무로만 본다면, 한반도 평화체제의 기반은 매우 튼튼한 편이다.

한반도에는 정전협정의 준수를 보장하기 위한 장치도 상당히 체계화되어 제 기능을 발휘하고 있다. 우선 유엔군사령부(UNC, United Nations Command)가 정전협정의 서명 당사자로서 그 협정이 준수되도록 최선을 다하고 있다. 그 사령관은 한미연합사령부(CFC, ROK-US Combined Forces Command)의 사령관을 겸직한다. 필요하면 한미연합사 예하의 병력을 사용하여 협정의 준수를 강제할 수 있다. 남북

2km씩 총 4km 폭의 비무장지대(DMZ: Demilitarized Zone)가 설치되어 있고, 남북한은 서로 상당한 규모의 병력을 배치하여 상대방의 위반을 감시하고 있다. 2만 8,500명 정도의 주한미군(USFK: US Forces in Korea)과 60만의 한국군이 북한의 공격에 반격할 준비를 하고 있어 전쟁을 억제하고 있다. 남북한은 정전협정을 위반한 사례가 발견되거나 중요한 사태가 발생할 경우 판문점에서 만나 협의하고 합의안을 도출하기도 한다.

이런 이유로 비록 핵 위협이 새롭게 발생한 상태이기는 해도 한반도에 어느 정도의 평화체제는 구축된 상태로 보인다. 새로운 협정을 맺으면 영구적인 평화체제가 보장될 수 있다는 환상에서 벗어나자. 그보다는 현재 잘되고 있는 것을 더욱 발전시키고, 제대로 되지 않는 것을 보완하는 노력이 필요하다.

## 평화정착에는 남북한의 교류 및 협력이 핵심이지 않는가?

남북한의 평화정착을 위해서는 당연히 북한과의 우호적인 관계증진이 필수적이다. 진정한 평화는 교류와 협력의 관행이 누적됨으로써 가능해지기 때문이다.

경직되어 있는 현재의 남북관계를 고려할 때 한국은 우선 민간차원의 협력을 중심으로 북한과 접촉을 유지할 필요가 있다. 그러면서 정부에서는 김정은 체제와 상호 신뢰관계를 형성하고, 협력하겠다는 의사를 지속적으로 전달하며, 공식 및 비공식적 접촉을 조심스럽게 시도할 필요가 있다. 북한이 도발을 자행하거나 그것을 반성하지도 않는데 남북관계를 진전시키는 것이 쉽지는 않다. 하지만 그렇다고 계속 경색 관계를 유지할 수 없는 것이 한국의 딜레마이다.

북한 정권과의 대화 및 신뢰회복부터 추진할 필요가 있다. 2013년 12월의 장성택 처형에서 보듯 북한정권은 독재적이고 비민주적이며 비인도적이다. 그래도 북한을 대표하는 것은 김정은 정권이다. 한국과 북한은 수십 년 동안 서로를 불신하면서 대치해 왔기 때문에 어느 한쪽이 진정으로 평화로운 조치를 취하고자 해도 상대가 있는 그대로 받아들이는 것이 쉽지 않다. 이제부터라도 남북한은 서로 약속한 것은 지키고, 상호비방을 자제함으로써 신뢰의 사례를 계속 누적해 나가야 한다. 이러한 차원에서 박근혜 대통령의 '한반도 신뢰프로세스'는 성공하기만 하면 진정한 남북한 간 화해와 평화를 보장하는 바탕이 될 것이다.

경제적 측면에서도 남북한 간의 교류와 협력을 지속적으로 확대할 필요가 있다. 국제사회와 협력하여 핵무기 개발을 위한 기술 및 물자 유입은 계속 차단하면서 개성공단을 비롯한 남북한 경제적 협력을 조심스럽게 관리 및 확대해 나갈 필요가 있다. 남북 간의 경제협력이 미흡할 경우 북한은 중국과 교류 및 협력할 수밖에 없고, 그렇게 되면 남북 간의 화해와 협력은 더욱 멀어질 수 있음을 고려해야 할 것이다.

북한에 대한 인도적 지원을 확대할 필요가 있다. 북한이 핵무기를 포기하지 않고 있고, 남북한 간에 정치적이거나 감정적인 대결이 그치지 않는 상태에서 이를 지속하는 것에 논란이 많다. 하지만 정치적 사안과 인도적 지원은 가급적이면 분리할 필요가 있다. 지원 물품이 군수 물자로 전용되는 일이 없어야 함은 물론이다. 한국은 재원만 지원하고 실제적 지원은 국제기구 등에 맡기는 방법도 있다. 이러한 노력을 통하여 남북한의 동일체감이 강화되면 한반도의 전쟁억제와 평화의 바탕이 될 것이다.

다만, 교류와 협력은 그것 자체가 평화가 될 수 없다는 점을 명심할 필요가 있다. 김대중 정부 시절 우리는 화해협력 정책으로 북한과 교류와 협력을 증대시켰다. 그동안 북한은 핵무기를 개발했고, 2010년에는 천안함과 연평도 사태를 도발하였으며, 현재도 한국에 대한 적대적 정책을 계속하고 있다. 제2차 세계대전 직전 영국의 챔

벌레인 수상은 히틀러의 요구를 들어주면서 전쟁을 예방했다고 생각했지만, 결국 더욱 큰 전쟁에 직면해야 했다. 마찬가지로 교류와 협력이 유화정책(appeasement policy)이 되지 않도록 유의해야 한다.

## 북한이 핵무기를 보유하고 있는데 통일이 가능한가?

한국의 국민들은 통일을 논의할 때 당연히 한국 주도로 통일되는 것을 생각한다. 한국의 경제력이 월등하고, 자유민주주의적 가치가 보편적이라고 생각하기 때문이다. 그러나 그것은 합의에 의한 통일이 가능해질 경우이다. 쌍방이 합의하는 통일은 쉽지 않고, 역사적 사례도 많지 않다. 통일은 한쪽의 가치와 체제를 포기하는 것을 의미하는데, 그러한 합의에 선뜻 응할 수 있는 지도자와 국민은 흔하지 않기 때문이다.

북한이 핵무기를 보유하고 있다는 사실은 한국이 주도하는 통일을 어렵게 만들고 있다. 북한이 핵무기를 보유하고 있다는 것은 전체 군사력의 균형이 북한 쪽으로 유리하게 전환되는 것을 말한다. 이러할 경우 군사력이 열세한 한국이 의도하는 방향으로 통일이 된다고 보기는 어렵다. 경제력이 우위라고 하여 한국 주도로 통일한다는 것은 단순한 인식이다.

북한이 핵무기를 보유하게 됨으로써 한국 통일에 대한 주변국들의 동의를 획득하는 것이 어려울 수 있다. 핵무기의 폐기 등을 둘러싸고 주변국과 한국 간에 견해 차이가 발생할 수 있기 때문이다. 한국이 비핵화에 동의해도 주변국 간에 누가 북한의 핵무기를 처리할 것이냐를 둘러싸고 견해가 달라질 수 있다. 그것을 조율하는 과정에서 합의에 도달하는 것이 어려울 수도 있다.

그래서 북한 급변사태, 즉 북한이 갑작스럽게 불안정해진 상황이 발생하면 이를 지원한다는 명분으로 한국군이 북한지역으로 투입되어 안정시킨 후 통일하는 방안 등이 집중적으로 논의되는 것이다.

## 최근 통일과 관련하여 논의되고 있는 '급변사태'란 어떤 내용인가?

급변사태라는 용어가 명확하게 정의된 것은 아니다. 어의(語義)만으로 볼 때 '급변사태'는 북한에 '급속한 변화'가 일어난다는 의미인데, 급속한 변화의 정도가 어떤 형태인지는 사람마다 판단이 다를 수밖에 없다.

애초에 급변사태라는 말은 미군이 '붕괴(collapse)'라고 한 말을 누군가 바꿔 사용하면서 확산되었다. 그러나 아직 이에 대한 통일된 정의가 내려진 것 같지는 않다. 대부분 사람들은 "북한 지도자의 사망 같은 급격한 북한 정치권력의 변화로 북한 내 통제가 무너지고 외부의 지원이 필요해지는 상황"이라고 생각하는 것 같다.

급변사태에 대한 논의는 1994년 김일성이 사망한 후 1995년 홍수 등으로 북한의 경제가 어려워졌을 때 주한미군사령부에서 최초로 시작하였다. 당시 주한미군사령관 겸 한미연합사령관이었던 럭(Gary Luck) 대장은 1996년 3월의 미 의회 증언을 통하여 북한이 붕괴할지 안 할지가 문제가 아니라 언제 어떻게 붕괴할 것이냐가 문제라고 말했다. 주한미군사령부에서는 북한의 붕괴가 외부에 대한 공격(explosion)으로 분출되거나 내부폭발(implosion)로 끝날 가능성을 언급했다. 식량난 등 자원고갈 단계로부터 시작하여, 중앙정부에 대한 저항이 발생하여 북한사회가 분열·붕괴된다는 시나리오를 제시하였다.

그러나 실제로 북한의 급변사태나 내부폭발은 발생하지 않았고, 시간이 지나면서 급변사태에 대한 관심도 약화되었다. 그러다가 2000년대 중반 "김정일의 건강에 문제가 있다."는 분석 때문에 급변사태가 다시 수면에 떠올라 많은 학자들이 북한의 급변사태 가능성과 한국의 대응책을 분석했다. 한미 양국은 북한 급변사태에 대비해 '작전계획 5029'를 토론하기도 하였다. 여기서는 북한 지도자의 유고 등 정권교체, 쿠데타 등에 의한 내전 상황, 핵이나 미사일, 생화학무기 등 대량살상무기의 반군 탈취 및 해외 유출, 대규모 주민 탈북사태, 대규모 자연재해, 북한 체류 한국인 인질사태 등을 다뤘다고 한다.

북한의 김정일 국방위원장이 사망한 후 경험이 없고 젊은 김정은이 정권을 장악하자 또다시 급변사태 가능성이 높다고 평가하기 시작하였다. 특히 2013년 12월 북한 정치권력의 2인자였던 장성택을 처형함으로써 북한 권력 내부의 취약성이 존재한다는 판단이 증대되었다. 그러나 그 이후 상당한 시간이 지났지만 북한은 붕괴나 급변의 징조를 전혀 보이지 않고 있다. 급변사태에 대한 논의도 점점 약해지는 모습이다.

## 실제로 북한에서 급변사태가 발생할 가능성은 있는가?

급변사태 논의의 전제는 북한 지도자의 급격한 사망이 북한 사회의 불안정으로 연결된다는 것이다. 하지만 1994년 7월 김일성의 사망이나 2011년 12월 김정일의 죽음 이후에도 북한에서 불안정 사태는 발생하지 않았다. 현 북한 지도자인 김정은의 나이를 고려할 때 급격한 사망의 가능성은 낮고, 따라서 지도자의 변고를 전제로 한 급변사태의 논의 필요성은 매우 낮아진 상태이다.

최근에는 김정은이 사망하지 않더라도 그 지위에 변화가 발생할 수 있다고 보는 의견도 있다. 즉 쿠데타 등으로 북한 지도체제에 공백이 발생해 북한 사회가 불안정해질 가능성이다. 김정은이 후견인들의 그늘에서 벗어나 스스로 위상을 확보하고자 하거나 후견인들이 어떤 요인으로 불안감을 느낄 경우 권력투쟁이 전개될 수 있다. 그 과정에서 지도체제의 공백이 발생할 가능성을 배제할 수 없다. 김정은은 엘리트들이 단결하여 그를 제거할까 불안해하면서 그들을 의심할 것이다. 반면 엘리트들은 김정은에게 언제든지 제거당할 수 있다는 불안감을 지니고 있어 구조적으로 안정되기는 어려울 수 있다. 그러나 지금까지 그러한 사례는 발생하지 않고 있다.

지금까지 북한에 쿠데타와 같은 사건이 없었다고 한다면 앞으로도 없을 가능성이 높다. 만약 쿠데타가 발생하더라도 붕괴로 이르기보다는 어떤 세력이 권력을 바로 장악하여 안정시킬 가능성도 높다.

한국에서 북한의 급변사태 가능성을 논의하게 된 배경은 1990년대 동부유럽에서 발생한 바와 같은 급격하면서도 극적인 변화가 북한에서도 일어날 수 있다는 기대였다. 그러나 동구권의 경우에는 공산주의와 냉전체제의 붕괴라는 세계적 수준의 거대한 시대적 변화가 있었다. 더욱이 그들은 그 전에 개방과 개혁정책을 추진하여 민주적인 토양이 어느 정도 구축되었거나 인접국가의 붕괴가 도화선으로 작용해 붕괴가 발생할 수 있었다.

그러나 현재의 북한에는 동구와 같은 정도의 민주적 토양이 존재하지 않고, 육지로 연결된 유럽과 달리 북한은 한반도에 고립되어 외국의 변화 추세가 유입될 가능성도 낮다. 남북한은 수겹의 철조망을 사이에 두고 물리적으로 단절되어 동구권에서 발생하였던 것과 같은 단기간의 폭발적 인구 이동이 발생할 가능성은 거의 없다.

## 북한 급변사태 시 한국이 군사적으로 개입할 수 있는가?

대부분의 국민들은 북한에 급변사태가 발생하면 한국군이 진주하여 상황을 안정시킬 수 있을 것으로 생각하지만, 이것은 유엔헌장에 정면으로 위배된다. 유엔헌장 제2조 7항에서도 "이 헌장의 어떠한 규

정도 본질상 어떤 국가의 국내 관할권 내에 있는 문제에 간섭할 권한을 유엔에 부여하는 것이 아니며, 또한 그러한 문제를 이 헌장이 정한 해결방법에 부탁하도록 회원국에 요구하는 것도 아니다."라고 명시하고 있다. 현재 상태에서 북한에 급변사태가 발생하였을 경우 한국이 합법적으로 개입할 수 있는 소지는 거의 없다.

이처럼 국제법적인 제약이 있지만 한국은 헌법으로 "한반도에서 한국만이 유일한 합법정부"라고 규정하고 있다. 북한은 '미수복 불법점유지역'이기 때문에 한국의 법이 북방지역에도 적용되어야 한다고 주장할 수 있는 것이다. 비록 7.4공동성명이나 남북기본합의서, 6.15 및 10.4선언 등에서 남북한이 서로를 별도의 당국으로 인정하기는 하였으나 그것은 잠정적인 조치였다고 강변할 수 있다. 1991년 남북이 합의하여 체결한 남북기본합의서에도 남북관계는 "잠정적 특수관계"라고 명시되어 있다. 그러나 이러한 논리가 유엔헌장보다도 더 강한 설득력을 가진다고 판단하기는 어렵다.

정통정부의 요청에 의한 간섭은 적법한 간섭이라는 차원에서 북한의 불안정 사태에 한국이 개입할 수 있는 최선의 방안은 북한 정부가 요청하는 것이다. 그러나 이럴 가능성이 높다고 보기는 어렵다. 북한 지도층들은 한국에 대한 적대감이 적지 않고, 한국 주도로 사태가 해결될 경우 심판받을 가능성을 우려할 수 있다. 다수의 정파가 대립하는 상황에서 어느 한쪽이 중국의 지원을 요청할 경우 다른 쪽이 한국의 지원을 요청할 가능성은 존재하지만, 이러한 상황이라면 한국은 중국과의 충돌을 각오해야 개입할 수 있다.

국내 여론이 북한의 불안정 사태에 대한 한국의 군사적 개입에 지지를 보낼 것으로 판단하기도 어렵다. 군사적 개입은 워낙 위험한 조치라서 국민들이 선뜻 수용하기 어렵고, 북한과의 통일에 대하여 부담을 느끼는 국민들도 적지 않다. 군대를 북한지역으로 파견하려면 국회의 동의나 논의가 필요할 가능성이 크고, 이 과정에서 시기를 상실하거나 예상하지 못한 반대에 부딪칠 가능성도 없지 않다.

## 북한지역으로 군대를 보내는 것이 간단한 일일까?

한국의 군사적 개입이 가능하다고 하더라도 군사력을 실제로 북한지역으로 전개시키는 것은 간단하지 않다. 북한 사회를 안정시킬 정도의 대규모 군사력을 단기간에 동원하는 것도 쉽지 않고, 이들을 휴전선을 통하여 이동시킬 경우 남방한계선에 설치되어 있는 3중의 철조망과 북방한계선에 설치되어 있는 5중의 철조망을 극복해야 한다. 또한 4km 폭의 미확인 지뢰지대인 비무장지대를 극복해야 하고, 기동 가능한 도로도 제한되어 상당한 노력과 시간이 소요되어야 한다. 개성공단으로 내왕하는 통로가 있기는 하지만, 적의 집중적 공격에 취약할 수 있다.

북한군이 협조해주지 않을 경우 비무장지대 통과 자체가 하나의 군사작전이 될 수밖에 없고, 그렇게 되면 준비와 시행에 상당한 시간이 소요될 것이며, 그러한 과정에서 개입의 적정시기가 경과해 버릴 수 있다. 해상으로 이동할 수도 있지만, 한국이 보유하고 있는 해병대의 상륙함인 독도함은 1개 대대 규모만 상륙시킬 수 있고, 안전이 보장되지 않은 상태에서 민간선박 등에 군인들을 승선시켜 이동시킬 수는 없다.

한국이 군사력을 북한지역으로 전개시킬 경우 중국군이 개입할 가능성이 있고, 극단적인 상황에서는 한국군과 중국군 사이에 군사적 충돌이 발생할 수 있다. 이러한 상황까지 예상한다면 한국군은 군사적 개입에 더욱 신중하지 않을 수 없다.

## 급변사태가 발생하면 통일로 연결될 것인가?

급변사태의 전제는 북한이 불안정해졌을 때 한국이 개입하여 안정시키기만 하면 통일이 달성된다는 것이다. "북한 지역이 불법 점유된 한국의 영토이고, 따라서 한국군이 장악한 지역을 행정구역으로 편입하면 된다."고 생각하기 때문이다.

한국에서는 북한이 동독과 같이 붕괴되는 사태를 맞으면 서독처럼 통일이 가능할 것으로 기대하고 있지만, 당연히 독일과 한반도의 환경은 다르다. 독일과 달리 한반도는 국제체제가 냉전의 구도를 그대로 지니고 있어서 통일에 대한 주변국들의 합의를 이끌어내기 어렵다. 게다가 동서독에 비해서 남북한 간 교류와 협력의 양과 질이 적어서 통일로 연결될 가능성은 높지 않다는 분석이다.

국제적으로 용인되는 통일의 절차는 다음과 같다. 북한 사회가 안정된 후 북한을 대표하는 새로운 정부가 수립되고, 그 정부가 북한 주민들의 의견을 물어 남한과의 통일에 합의하는 것이다. 이 경우에도 북한의 새 정부가 한국이 원하는 방향으로 주민의 의견을 물을지, 북한 주민들이 한국으로의 통일에 동의할지를 확신할 수 없다. 일단 안정을 달성하였다고 한다면 북한의 새 정부는 한국과의 통일로 인한 득실을 계산할 것이다. 만약 그들의 지위가 상실될 수 있다거나 불이익이 많다고 판단하면 통일의 진행을 지체시킬 수 있으며, 북한 주민들도 찬성하지 않을 수 있다.

한국이 국제사회를 설득하거나 북한 정부를 움직여서 일방적으로 통일을 달성한다고 하더라도 예상치 못한 혼란이 발생하거나 또다시 분열할 가능성도 있다. 통일의 흥분이 가신 다음에 한국 사람들은 지나치게 많은 비용이 소요된다고 불평할 것이고, 북한 사람들은 자신들이 소외되거나 무시받고 있다고 불평하게 될 것이다. 이로 인해 남북한 간 갈등이 불거지거나 또 다른 분쟁이 발생할 수 있다.

북한 급변사태를 통일로 연결시키고자 하는 동기는 충분히 이해할 수 있다. 하지만 현실적으로 쉬운 것은 아니다. 사전에 철저히 준비하고 정교한 노력을 기울이지 않으면 분열 상태가 지속될 가능성도 배제할 수 없다.

# 결론

## 1

우리 민족은 지금까지 우리에 대한 어떤 도전이 발생할 때 얼마나 효과적으로 대응해 왔을까? 민족의 지도자들과 국민들은 지니고 있는 모든 지혜와 역량을 쏟아서 도전들을 극복하고자 했을 것이다. 당연히 그중에는 성공적인 사례도 있었다. 하지만 안타까운 사례도 있었다. 그래도 어쨌든 우리 민족은 반만년의 역사를 통하여 정체성을 유지해왔고, 현재 상당한 국제적 위상과 국력을 자랑하고 있다.

북한의 핵무기는 현재를 살고 있는 우리 민족에게 가해진 엄청난 도전이다. 제대로 해결하지 못하면 지금까지 이룩해온 민족의 역사와 문명을 결정적으로 훼손되게 만들 수 있다. 현 세대가 해결하지 않고, 다음 세대에게 미루면 문제는 더욱 심각해지고 해결도 어려워진다.

현대를 사는 우리 세대는 독창성과 용기로 이 위기를 해결해야 한다. 나아가 우리 민족이 통합하여 더 높게 격상하는 기회로 만들어야 한다.

국제정세의 변화에 의하여 북한의 핵문제가 저절로 해결될 수도 있다. 그러나 만약 주변국들에 의하여 해결된다면 우리의 역사도 우리의 의도와 다르게 흘러갈 수 있다. 태평양전쟁에서 일본이 패배함으로써 저절로 주어진 독립이 우리에게 얼마나 많은 혼란을 주었던가? 결국 남북한이 분단되고 만 것 아닌가?

우리에게 가해진 도전은 우리의 힘으로 해결해야 하고, 남의 힘을 이용하더라도 나의 비전과 계획이 기초가 되어야 한다. 북한의 핵무기 위협이라는 도전에 대한 능동적 대비와 주도적 대응이 절실한 이유이다. 응징, 선제, 방어의 모든 방안을 능동적이면서 철저하게 준비해 나가지 않을 수 없다.

## 2

북한의 핵 위협에 대한 대응에 있어서 많은 처방과 주문이 있을 수 있다. 하지만 가장 기본적인 사항은 북한의 핵무기 사용을 억제하거나, 억제가 실패하였을 경우 선제타격하거나, 비행해오는 북한의 핵미사일을 공중에서 요격할 수 있는 무기체계를 구비하는 것이다. 원하는 능력을 갖춘 무기체계 없이는 어떠한 전략이나 외교적 노력도 효과를 발휘할 수 없다. 핵무기라는 실체적 도전에 방어하기 위해서는 무기체계 확보라는 실체적 접근으로 대응해야 한다. 외교적 접근에만 치중했다가 기대하는 만큼의 효과를 달성하지 못하면 투자한 시간은 기회비용이 되고, 북한이 실체적으로 위협할 때 속수무책이 된다.

북한의 핵무기 위협이 실체화됨에 따라 한미동맹은 한국의 사활을 좌우하는 중요성을 갖게 되었다. 핵무기가 없는 한국의 입장에서는 미국의 핵전력 없이 북한의 핵무기 사용을 억제하거나 방어할 수 없기 때문이다. 과거처럼 재래식 위협만 존재할 때는 미국이 적극적으로 지원해주지 않아도 어느 정도 스스로 방어할 수 있었다. 그러나 북한의 핵무기에 대하여 한국은 유효한 방어책을 거의 구비하지 못하고 있는 상황이다.

물론 주한미군은 수십 년 동안 한반도에 주둔해오고 있다. 미군이 지휘관인 한미연합사가 한국의 안보에 관한 대부분의 결정적인 임무를 수행하고 있다는 사실은 국민적 자존심을 충분히 손상시킬 수 있다. 하지만 지금은 자존심을 내세울 상황이 아니다. 그러다 북한이 실제로 핵무기를 발사해버리는 상황이 발생하면 어떻게 하겠다는 것인가?

한국은 다시 한 번 총력안보 태세를 강화해야 할 상황에 직면하고 있다. 한때 우리 민족은 경제발전을 하면서도 동시에 북한의 재래식 침공에 대응할 수 있도록 총력안보 태세를 확립해 왔다. 예비군이 창설되어 향토는 스스로 지키도록 하였고, 민방위를 통하여 유사시 국민들의 동원과 피해를 최소화하는 체제를 구축했었다.

이제 한국은 또다시 핵무기로부터 국토를 방위하고, 국민들의 생명과 재산을 보호하기 위한 총력안보 태세를 강화해야 한다. 군을 중심으로 북한의 핵무기 공격에 대비해야 한다. 동시에 국민들의 피해를 최소화할 수 있도록 노력해야 한다. 정부의 모든 부처들이 북한의 핵무기 사용을 억제 및 예방하는 데 노력할 필요가 있다.

북한 핵무기의 억제와 핵전쟁의 예방을 위해 민족의 모든 지략을 총동원할 필요가 있다. 다른 국가들보다 더욱 창의적이고, 더욱 일관성 있는 대응 개념을 개발해야 한다. 그리고 이를 체계적으로 구현하여 가용한 모든 자원과 노력의 효과를 극대화할 수 있어야 한다. 모든 국민들이 북한의 핵무기 보유 및 위협이라는 사태의 심각성을 있는 그대로 인정하는 상태에서, 각 분야마다 또는 국민 각자가 북한의 핵무기 사용을 억제하는 데 필요한 조치를 강구해 나가야 한다.

특히 국가의 엘리트들을 중심으로 현재 상태에서 한국이 어떤 국가안보전략을 구사해야 하고, 한국군은 어떤 군사전략을 정립하여 실천해야 할 것인가를 토론하고 결정하여 시행할 수 있어야 한다. 국가의 위기를 슬기롭게 해결할 수 있는 지략을 제시하지 못한다면 진정한 엘리트라고 할 수 없다.

그러나 북한 핵문제 해결을 위하여 가장 중요한 것은 국민들의 용기이다. 북한의 핵무기 사용을 억제하는 데 필요하다면 어떤 희생도, 어떠한 어려움도 극복하겠다는 국민들의 의지가 필수적이기 때문이다. 전쟁은 결국 상호 간 의지의 충돌이다. 그러한 의지의 충돌에서 승리하기 위해서는 결연함이 있어야 한다. 그 결연함을 가능하도록 하는 것이 바로 용기이다. 지도자부터 어려움 속에서도 굴하지 않는 용기를 갖고, 필요할 때 국민들에게 희생을 요구할 줄 알아야 하며, 국가에 대한 한없는 충성심으로 국민들로부터 존경을 받아야 한다. 국가에 헌신하고 희생한 사람들을 기려야 한다. 모든 국민들이 개인보다는 국가라는 공동체의 안위를 우선시해야 한다. 이스라엘 민족과 같이 국가의 생존을 위해서라면 무슨 일이든지 할 수 있다고 생각하고, 실제로 그럴 때 용기라는 덕목은 개인적 차원을 넘어 민족적 차원이 되는 것이며 국가안보도 보장되는 것이다.

## 3

북한은 현재 10개 정도의 핵무기를 보유하고 있고, 그것을 탄도미사일에 탑재하여 공격할 수 있는 능력을 구비하고 있다. 한국은 현재 공격해오는 핵미사일을 공중에서 요격할 수 있는 능력이 없다. 인정하기 싫어도 한국 국민들이 직시해야 하는 현실이다. 한국은 북한의 핵미사일 공격에 무방비로 노출되어 있고, 이제는 '최악의 상황까지 고려(Think about the Unthinkable)'해야 하는 상황이다.

냉전 기간 미국과 소련은 물론이고, 대부분의 유럽 국가들은 핵 공격을 상정한 상태에서 국민들의 피해를 최소화하기 위한 나름대로의 조치를 강구하여 왔고, 지금도 계속되고 있다. 그들은 핵 공격으로부터 국민들의 피해를 최소화하기 위한 다양한 대비책을 강구해 왔고, 특히 국가별 상황에 부합되도록 지속적으로 대피소를 구축 및 보강해왔다. 국제적으로 '영세중립국'으로 공인된 스위스의 경우도 국민 전체가 대피할 수 있는 규모의 대피소를 구축한 상태이고, 루체른(Lucerne)에 있는 소넨베르그 터널(Sonnenberg Tunnel)은 2만 명이 2주를 견딜 수 있는 수준이라고 한다.

유럽의 국가가 한국과 같은 직접적인 핵 위협에 직면했다면, 수년 전부터 핵 대피소 구축에 착수했을 것이고, 지금쯤 거의 완성되어 갈 것이다. 그러나 불행히도 한국은 아직 핵 대피에 관해서는 생각조차 하지 않고 있다. 현재도 '민방위(民防衛)' 개념에 의하여 전쟁이 발생하면 국민들이 자체적으로 피해를 최소화하거나 복구하는 활동은 수행하고 있다. 일 년에 수차례 전국적 규모의 훈련까지 실시하고 있다. 그러나 이것은 어디까지나 비핵상황을 전제로 한 것이다. 더욱이 이 또한 그 연습시간과 조직이 약화되고 있는 실정이다.

이제 한국은 북한의 핵무기 공격으로부터 국민들의 생명과 재산을 보호하기 위해 핵 대피에 관한 사항도 적극 토론할 필요가 있다. 북한의 핵미사일에 대한 응징보복, 미사일방어, 선제타격 어느 것 하나 완전하지 않은 상태라고 한다면 핵 대피 논의의 필요성은 더더욱 커진다. 정부는 우선 핵 대피의 필요성과 이를 어떤 방향으로 추진해갈 것인지 논의할 필요가 있다. 어느 부서가 책임을 지고 어느 부서가 지원할 것인지를 논의하고, 한국의 현 상황과 여건에서 무엇이 최선의 방안인지도 토론해야 한다. 그 결과 단기, 중기, 장기 차원에서 요구되는 시행방안을 결정해야 한다. 국민들에게 핵 피해에 관한 사항을 소상하게 설명하고, 대피의 요령을 알려주며, 주기적으로 연습을 실시해야 한다.

당연히 국민들도 핵 대피의 필요성을 인식하고, 필요한 사항을 학

습하며, 정부의 조치에 협조하면서 나름대로 필요한 조치를 강구해야 한다. 개인이나 가족별로 대피소 구축 여부를 선택하고, 핵폭발 시 어떻게 해야 할 것인지 고민해야 한다. 회피하고 싶더라도 두 눈을 크게 뜨고 봐야 한다. 참담한 현실이라도 직시하여 뚫고 나가야 민족의 지속적 생존이 가능하다.

## 4

국민 모두가 스스로 자문해야 할 사항이 있다. 과연 나의 존재가 공동체, 즉 국가와 민족에 '+'인가 아니면 '-'인가이다. 내가 하고 있는 일이 우리 국가와 민족을 발전시키는 쪽으로 작용하고 있는가 아니면 퇴보시키는 쪽으로 작용하고 있는가? 우리 국가와 민족이 직면하고 있는 현재의 도전, 즉 북한 핵무기 위협을 해결함에 있어 내가 어떤 기여를 하고 있는가? 남에게 해결을 주문한 채 나는 방관과 비판만 하고 있는 것은 아닌가?

작은 일, 가능한 일부터 시작할 필요가 있다. 북한 핵무기의 위협을 정확하게 인식하는 것이 그 시작이다. 그에 대한 개략적인 대응 방향을 이해하는 것만으로도 상당한 기여를 하는 셈이다. 동료들과 이러한 문제를 활발하게 토론하는 것도 필요할 것이다. 이러한 활동을 통하여 북한 핵무기 위협에 대한 건전한 국민여론을 형성해야 한다. 그러면 정부는 결국 여론에 부합되는 방향으로 노력 및 조치하게 될 것이다.

나 외에 다른 국민들이 무엇을 어떻게 했으면 좋겠다고 생각하는가? 그것을 내가 해야 한다. 그리하여 민족 번영의 뿌리를 튼튼하게 하는 하나의 밀알이 되어야 한다.

## 저자 후기

현재 우리는 민족 역사상 초유의 번영을 구가하고 있다. 좁은 국토임에도 G20에 포함될 정도의 경제규모를 갖게 되었고 세계를 호령하는 1등 상품을 다수 생산하고 있다. 고도의 민주주의를 구현하고 있고 문화적으로도 한류가 세계적인 문화상품이 된 상태이다. 한국은 자랑스러운 국가로 발전해왔다.

그런데 이러한 자랑스러운 모습이 한순간에 사라질 수도 있다는 불안감이 국민들의 마음 한구석에 맴돈다. 여차하면 핵무기를 사용하고도 남을 정도로 비합리적이면서 예측 불가능한 집단이 핵무기를 개발했기 때문이다.

당연히 정부와 군대는 그러한 위험으로부터 국가를 지킬 수 있도록 최선을 다하고 있다. 국제사회에서도 북한이 그러한 무모한 행위를 하도록 방치하지는 않을 것이다.

그렇다면 국민들은 걱정할 필요가 없는가? 한 국가의 민주주의 수준은 민주주의에 대한 국민들의 의식수준에 좌우된다고 한다. 안보도 그러할 것이다. 북한 핵 위협에 대한 지금까지 우리의 대응에 미흡함이 있었다면 그것은 국민들의 책임이다. 민주주의 국가에서는 국민들이 주인이기 때문이다. 한국에서 발생하는 모든 사태에 대하여 우리 모두는 1/5,000만의 권리를 갖고 있음과 동시에 1/5,000만의 책임을 갖고 있다.

우리 모두가 나라의 주인으로서 권리와 책임을 제대로 수행하고자 한다면 알아야 한다. 지금까지 이룩해온 우리의 번영은 물론 한민족의 생활터전까지도 송두리째 없애버릴 수 있는 북한 핵무기의 위협이 얼마나 심각한 것인지. 거기에 어떠한 대응방법이 있고 어떤 무기체계를 획득해야 하는지를 온 국민들이 알아야 한다.

2014년 7월

국민대학교에서 박휘락 씀

# 북핵을 모르면 우리가 죽는다

펴낸날 **초판 1쇄 2014년 8월 15일**
**초판 2쇄 2015년 5월 30일**

지은이 **박휘락**
펴낸이 **김광숙**
펴낸곳 **백년동안**
출판등록 **2014년 3월 25일 제406-2014-000031호**

주소 **경기도 파주시 광인사길 30**
전화 **031-941-8988**
팩스 **070-8884-8988**
이메일 **on100years@gmail.com**

ISBN 979-11-952638-4-4 04300

※ 값은 뒤표지에 있습니다.
※ 잘못 만들어진 책은 구입하신 서점에서 바꾸어 드립니다.

이 도서의 국립중앙도서관 출판시도서목록(CIP)은 서지정보유통지원시스템 홈페이지(http://seoji.nl.go.kr)와 국가자료공동목록시스템(http://www.nl.go.kr/kolisnet)에서 이용하실 수 있습니다.(CIP제어번호: CIP2014023006)

책임편집 **홍훈표**